Elogios para *La mujer que lo tiene todo*

«A raíz de sus años de investigación, el trabajo de Marcus Buckingham ayuda a la lectora a identificar sus fortalezas y la guía a ponerlas en acción de manera que pueda sacarles el mayor provecho posible en todos los aspectos de su vida. *La mujer que lo tiene todo* es un excelente recurso no sólo para las mujeres, sino también para cualquier ejecutivo que administre, defienda o guíe el desarrollo de las mujeres».

—**Camille Mirshokrai**, Directora para el Desarrollo de Liderazgo, Accenture

«Marcus Buckingham está asombrosamente consciente de lo que las mujeres necesitamos establecer para ser exitosas en la vida y en el trabajo. En *La mujer que lo tiene todo* ha desarrollado un poderoso programa para identificar y hacer uso de tus verdaderas fortalezas en medio de la presión de tratar de "tenerlo todo". Lee este libro y descubrirás todos los secretos para vivir una vida plena, y aprenderás cómo caminar con seguridad hacia la vida extraordinaria y gratificante que te está esperando: ¡la vida en la que tú ganas!»

—**Lori Goler**, Directora de Recursos Humanos, Facebook

«En este revolucionario libro, Marcus expone los poderosos mitos que complican excesivamente la vida de las mujeres, hace añicos las suposiciones erróneas que nos alejan de la felicidad y el éxito, y revela una refrescante perspectiva y un simple programa para que podamos alcanzar la vida que merecemos. Como mujer, esposa, empresaria, madre, hija y amiga, nunca había encontrado un mensaje tan inspirado que alcanzara todos los roles que jugamos y que nos ofreciera una senda hacia una vida verdaderamente plena, auténtica y gratificante. ¡Voy a usar este libro por muchos años!»

—**Susan Gambardella**, vicepresidenta regional, Coca-Cola Norteamérica

«Lo que Marcus tiene que decir sobre el mito del balance bien vale el precio de admisión. Por muchísimo tiempo me había esforzado por alcanzar "balance" porque pensaba que era lo que todo el mundo necesitaba de mí. Ahora sé que disfrutar de una vida plena es algo totalmente distinto. Este libro está repleto de perspectivas y consejos que contradicen lo que pensabas que era cierto. Esta es una lectura sobre felicidad perdurable y éxito verdadero. ¡Tienes que leer *La mujer que lo tiene todo*! ¡Va a cambiar tu vida!»

—**Monna Nevils**, vicepresidenta ejecutiva, Talent Systems,
Jones Lang LaSalle

«La mayoría de nosotros probablemente posee todo lo necesario para ser exitosos. Lo que la mayoría de la gente *no* tiene es la más mínima idea de cómo sacar provecho de esas fortalezas y alcanzar el éxito. La instrucción salpicada de sentido común que nos ofrece Marcus Buckingham es útil para las personas que piensan que hay algo más (¡y mejor!) esperando por ellas en el futuro».

—**Deborah Norville**, reportera, *Inside Edition* y escritora,
The Power of Respect [El poder del respecto]

«¡Marcus lo entiende perfectamente! Soy el tipo de mujer que siempre está buscando nuevas maneras de vivir mejor y más saludable, y Marcus tiene una vía directa al corazón y la mente de las mujeres. Este libro contiene un mensaje revelador y que fortalece... ¡tienes que leer *La mujer que lo tiene todo*!»

—**Robin McGraw**, autora de éxitos en ventas del *New York Times*

LA MUJER QUE LO TIENE

TODO

CREA TU MEJOR VIDA

MARCUS
BUCKINGHAM

GRUPO NELSON
Una división de Thomas Nelson Publishers
Desde 1798

NASHVILLE   DALLAS   MÉXICO DF.   RÍO DE JANEIRO

Traducción: *Raquel Monsalve*

Adaptación del diseño al español: *Grupo Nivel Uno, Inc.*

ISBN: 978-1-60255-241-8

Impreso en Estados Unidos de América

10 11 12 13 WC 9 8 7 6 5 4 3

Para Jo, Pippa, Lilia y Jane,
las mujeres que dan forma a mi vida

CONTENIDO

- Tu atención amplifica todo
- Trastorno de déficit de atención
- El poder de la atención positiva
- La estatua de Jack

PARTE 3 – TÁCTICAS PARA UNA VIDA PLENA

DIEZ MITOS SOBRE LA VIDA DE LAS MUJERES

1. **Como resultado de tener mejor preparación académica, mejores trabajos y mejores salarios, las mujeres hoy día son más felices y se sienten más realizadas que hace cuarenta años.** En realidad, lo opuesto es verdad. Encuestas realizadas a más de 1.3 millones de hombres y mujeres revelan que hoy día las mujeres son menos felices de lo que eran hace cuarenta años atrás y en comparación con los hombres.

2. **A medida que envejecen, las mujeres se vuelven más dedicadas y se sienten más satisfechas.** No, esto les ocurre a los hombres. Según un estudio realizado con cuarenta y seis mil hombres y mujeres, y que duró cuarenta años, las mujeres comienzan la vida sintiéndose más satisfechas que los hombres, y luego comienzan gradualmente a sentirse menos satisfechas con cada aspecto de sus vidas: el matrimonio, las finanzas, sus posesiones, y hasta la familia.

3. **En el trabajo, las mujeres están relegadas a posiciones con roles inferiores.** En realidad, un porcentaje más alto de mujeres (37%) tiene trabajos de gerencia o supervisión, en comparación con los hombres (31%).

4. **La mayoría de los hombres piensa que el varón debe ser el proveedor primario de la casa y que la mujer debe ser la principal responsable del hogar y la familia.** La mayoría de los hombres solía pensar esto. El setenta y cuatro por ciento de los hombres estaba de acuerdo con esta afirmación en el 1977. Hoy día, sin embargo, ese número se ha reducido a solo un cuarenta y dos por ciento —lo que resulta ser casi exactamente el porcentaje de mujeres que está de acuerdo con ella (treinta y nueve por ciento). La opinión sobre qué roles son más apropiados para que desempeñen los hombres o las mujeres no está determinada hoy día por tu género.

5. **Las mujeres preferirían trabajar para otras mujeres.** Para la mayoría no es así. De hecho, casi el doble más de las mujeres quiere trabajar bajo la dirección de hombres en vez de mujeres —cuarenta por ciento comparado a veintiséis por ciento—, y al restante le da lo mismo uno o el otro.

6. **Si las mujeres tuvieran más tiempo libre, se sentirían menos estresadas.** No parece ser cierto. Según un estudio que duró veinticinco años, cada hora extra de tiempo libre duplica la sensación de relajamiento en un hombre, pero no tiene ningún efecto en la mujer.

7. **Las mujeres se sienten más felices cuando tienen hijos.** No necesariamente. Resulta que los hijos producen mucho estrés. Todos los estudios que asocian el estrés y la satisfacción con la maternidad revelan la

misma conclusión: las mujeres casadas con hijos siempre están más estresadas y son menos felices que las mujeres casadas sin hijos. (Amo a mis hijos, y tú también, pero este hallazgo ha sido repetido tantas veces y en tantos países diferentes, que no puede ignorarse.)

8. **Los hijos quieren pasar más tiempo con las madres que trabajan fuera del hogar.** No de acuerdo a los hijos. La mayoría de las madres cree que sí, pero cuando se les preguntó a mil niños entre el tercer grado y el duodécimo grado qué era lo que más querían de sus madres, solo diez por ciento dijo «más tiempo». La respuesta más frecuente (34%) fue: «Quiero que mi mamá no esté tan estresada ni cansada».

9. **Las mujeres son buenas en llevar a cabo multitareas y esto las ayuda a completar todas sus tareas.** Dos «no» a esta afirmación. En primer lugar, las mujeres no son mejores que los hombres con respecto a las multitareas (ten en cuenta que estas son pruebas en un laboratorio, no en tu casa). En segundo lugar, las investigaciones muestran que tu cociente de inteligencia baja diez puntos cuando tratas de hacer dos cosas a la misma vez; o sea, las multitareas son un forma bonita de decir «atención dividida».

10. **Las mujeres hacen más trabajo en el hogar por semana que los hombres.** Listo, este es cierto. (Diecisiete horas para las mujeres y trece horas para los hombres.)

INTRODUCCIÓN

Lo opuesto a hacer malabarismos

No tirar, sino atrapar

Hace poco, mi esposa, Jane, asistió a un foro en California organizado por María Shriver, la esposa del gobernador. La Conferencia de Mujeres, como se llamó, reunió a miles de las mujeres más influyentes y exitosas del mundo, entre ellas la famosa feminista Gloria Steinem. Después de su presentación, una mujer le preguntó a Steinem si podía explicar lo que quiso decir con «tú lo puedes tener todo», cuando, continuó ella, «es evidente que no lo podemos tener todo».

La esencia de la respuesta de Steinem fue que había sido malentendida. Ella nunca dijo: «Tú lo puedes tener todo». Lo que ella dijo fue que no creía que los hombres, o la sociedad en general, debían definir las decisiones de las mujeres. Las mujeres debían tener la libertad para tomar las decisiones que quisieran. Pero según Gloria Steinem, ella nunca dijo: «Tú lo puedes tener todo».

Jane me contó esta historia aquella noche mientras cenábamos. Jane es una mujer extraordinaria. Escribió su primer libro a los diecisiete años y aprovechó ese éxito para fundar una compañía multimillonaria que tiene oficinas en Nueva York y en Los Ángeles. Es escritora y presentadora de televisión, es una madre fantástica, y todo lo que siempre quise en una esposa. Pero ella también admite que tal vez ha luchado con demasiada intensidad para tratar de tenerlo todo. Es la clase de madre que tiene la determinación de todas las tardes recoger de la escuela a nuestros hijos, Jack y Lilia, aunque eso signifique que tenga que hacer malabares con sus llamadas telefónicas, mientras su otro ojo está en su BlackBerry. Cuando la invitan a participar en los programas de televisión *Good Morning America* o *Today*, en la ciudad de Nueva York, siempre insiste en tomar un vuelo nocturno desde nuestra casa en Los Ángeles para no perderse un juego de pelota de Jack o la práctica de ballet de Lilia. Y después de la participación, toma el vuelo más temprano posible de regreso a la oficina. Como una mujer que ha levantado una familia feliz y amorosa, mientras que simultáneamente ha sido una empresaria exitosa, parece que Jane ha tenido éxito en vivir el ideal de todo el mundo.

Sin embargo, Jane sabe que hay un precio que pagar para tratar de tenerlo todo. Sabe lo difícil que es ir a trabajar cuando está con los hijos, y dejar a los hijos cuando está trabajando duro. Sabe que a veces duerme muy poco. Ha tenido migrañas que no se han aliviado con nada de lo que toma. Y hasta, en un par de espantosas ocasiones, se ha desmayado durante una presentación.

Por lo que, en mi opinión, al escuchar el comentario de Gloria Steinem: «Nunca dije que las mujeres lo podían tener todo», Jane habría estado en su completo derecho de levantar las manos en justa frustración y decir: «Gracias, Gloria. Muchísimas gracias. ¿No podrías haber dicho esto hace veinte años? Hubiera hecho mi vida mucho más fácil».

Pero no lo hizo. La frustración justa no es el estilo de Jane. En cambio, simplemente me miró desde el otro lado de la mesa del comedor, y se sonrió: «¿Quiere decir eso que mi vida es un error tipográfico?»

Dejando a un lado las bromas de Jane, ¿tiene razón Gloria Steinem? ¿Es posible que las mujeres «lo tengan todo»? Superficialmente, parecería que sí. Tratar de ser todas las cosas para toda la gente todo el tiempo es un juego de tontos que, a fin de cuentas, agotará la mente, el cuerpo y el espíritu.

Pero escudriña un poco más profundo y tienes que preguntarte: «¿Cuál es la alternativa?» Si Jane se dice a sí misma que no lo puede tener todo, entonces, ¿qué le queda? ¿Tres cuartas partes de vida? ¿Media vida? ¿Menos de media? Un enfoque de vida que comienza con la pregunta: «¿Qué partes de mí misma debo eliminar?», en forma inevitable lleva a una lista de emociones malsanas: pánico de que no puedas eliminar lo suficiente, confusión sobre qué partes debes eliminar, temor de que hayas eliminado las partes equivocadas, culpa acerca del temor, y resentimiento sobre todo eso.

Jane no debería estar preguntándose: «¿Qué partes de mí es que debo eliminar?» Tampoco tú debes hacerlo. Esa es una pregunta incorrecta.

La pregunta correcta es: «¿Qué significa para mí «tenerlo todo»? Porque si «tenerlo todo» significa sacar suficiente fuerza de la vida para sentirse realizado, amado, exitoso y en control, entonces eso es algo que cada uno de nosotros debe tener como meta, y que todos podemos lograr.

«Tenerlo todo» no quiere decir tener todo lo que deseas, a la misma vez y todo el tiempo. «Tenerlo todo» significa darte importancia. Quiere decir que te conoces lo suficientemente bien como para encontrar tu propósito en la vida. Significa saber qué debes cambiar cuando sientes que has perdido ese propósito. Significa tener la fe para creer que ese cambio es posible y el valor para hacer esos cambios. Significa fortalecerte con las relaciones en tu vida, y, si no puedes hacerlo, saber cuándo terminar esas relaciones de tu vida.

Significa dominar la destreza de usar la vida para que te satisfaga. Eso es todo lo que puedes hacer, y es todo lo que necesitas hacer.

La imagen convencional de una mujer exitosa hoy día es que es una malabarista versada, que de alguna manera se mueve lo suficientemente rápido como para mantener en el aire y al mismo tiempo todos los aspectos de su ocupada vida. Esta es tal vez una imagen convencional, pero es también bastante triste. La destreza fundamental del malabarismo no es atrapar, sino tirar. Para mantener todos los objetos en el aire, tienes que deshacerte de cada uno lo más rápido posible, sin que apenas toquen las yemas de tus dedos antes de lanzarlos otra vez, y preparándote para tirar el próximo objeto.

Una vida plena es lo opuesto al malabarismo. Hacer malabares requiere que mantengas todos los objetos a la distancia apropiada, en el aire y lejos de ti. El secreto de vivir una vida plena es saber cómo atraer solo unas pocas cosas hacia ti. Requiere que seas exigente, sagaz, selectiva, intencional. Puedes encontrar momentos estimulantes en cada aspecto de tu vida, pero para hacerlo, debes descubrir cómo atraparlos, cómo aferrarte a ellos, cómo entender su importancia y cómo dejarte dirigir por ellos.

La meta de este libro es enseñarte esa destreza de vida cotidiana.

Este libro te mostrará la forma de comenzar la vida con fuerza y luego, lo que es más importante, cómo ganar más fortaleza a medida que envejeces. Te ayudará a determinar una dirección para tu vida sin sentir temor de haber elegido la dirección equivocada. Te mostrará la forma de manejar todas las responsabilidades que tienes sobre los hombros sin sentir espasmos de culpa por no estar haciendo lo suficiente, o porque estás haciendo mal lo que haces. Te guiará para edificar relaciones satisfactorias con tu jefe, tus colegas en el trabajo, tu cónyuge y tus hijos, sin dejar que se interponga el resentimiento por lo que ellos demandan *de* ti, o de lo que no hacen *por* ti.

Por supuesto, este libro no responderá a todas tus preguntas o resolverá todos tus problemas, pero te mostrará cómo puedes usar la vida para que te fortalezca, en lugar de desmoralizarte. Te mostrará cómo vivir tu vida de la manera más plena.

Comenzarás tomando un test que te evaluará en nueve roles del diario vivir: consejera, vigilante, creadora, moderadora, persona influyente, motivadora, pionera, maestra y tejedora. Es muy probable que la vida te exija que lleves a cabo estos nueve roles en algunas ocasiones, pero, aun así, tú no eres un tablero en blanco —tu personalidad no cambia ni se adapta de acuerdo a las exigencias de cada situación en particular. En lugar de esto, igual que todo el mundo, tienes algunos patrones *coherentes* de pensar, sentir y comportarte; patrones que son distintivos y que se mantienen constantes a través del tiempo y las situaciones. Estos patrones se unen en un papel principal, un rol que desempeñas una y otra vez, un rol que tu familia y tus amistades más cercanas reconocen como la esencia de quien tú eres. Es el rol en el que, hoy día, te sientes más eficaz, auténtica y en control. Ahí, en ese rol, eres versátil, fuerte y audaz. Ahí, aprendes rápido y fácilmente, y siempre sientes el deseo de aprender más. Ahí está la fuente de tu talento natural, en el hogar y en el trabajo.

Luego aprenderás cómo aceptar ese papel principal y a edificar tu vida alrededor del mismo. Esto no quiere decir que tienes que abandonar los magníficos sueños que tienes para tu vida; por el contrario, casi siempre la aceptación es el prerrequisito para descubrir *cómo* exactamente puedes hacer realidad esos sueños. Sin embargo, la aceptación requiere tener una mente clara. Estás rodeada de muchísimas personas, y cada una tiene sus propias expectativas sobre ti, exige algo distinto de ti y compite por tu atención. Necesitas la actitud correcta para pasar a través de todas estas voces en competencia y adoptar una postura firme con respecto a quién eres en realidad.

Finalmente, descubrirás cómo desequilibrar tu vida intencionalmente. Con mucha frecuencia te dicen que procures el balance. Pero el balance es el blanco equivocado —es casi imposible de alcanzar y te deja insatisfecha cuando lo logras. Estudia a las mujeres más felices y exitosas, y te das cuenta que ellas ignoran el balance, y procuran la plenitud. Ellas deliberadamente inclinan su mundo hacia esos pocos momentos que en realidad las satisfacen. Esto no es egocentrismo. Es la práctica de una vida plena lo que les da la fortaleza que necesitan para proveer a todos aquellos que dependen de ellas.

Para ayudarte a incorporar esta práctica a tu vida, al concluir la lectura del libro, encontrarás una serie de tácticas para una vida plena. Aquí irás al grano y aprenderás cómo puedes usar esta práctica para encontrar esa carrera en la que te puedes desempeñar mejor, para fortalecer tus relaciones, para criar hijos fuertes y para edificar un futuro más sólido para ti. Lo organicé en un sencillo formato de preguntas y respuestas para que puedas escoger en qué áreas quieres adentrarte más profundamente y así encontrar los consejos prácticos que necesitas para tomar el control de tu vida.

Sin embargo, es imposible comenzar cualquier jornada a menos que sepas desde dónde estás comenzando, así que, antes de comenzar el test «Una mejor vida», vale la pena tomar el tiempo para establecer con exactitud dónde estás hoy día. Y con esto me refiero a: ¿Eres feliz? ¿Te sientes satisfecha? ¿Tienes claro hacia qué dirección debe dirigirse tu vida? ¿Sabes cómo luciría y se sentiría el éxito si tuvieras la suerte de alcanzarlo?

Si eres mujer, las probabilidades de contestar que «sí» a estas preguntas son hoy más bajas que hace cuarenta años atrás, y más bajas que si fueras un hombre. Luego de cuarenta años de investigación sobre la felicidad de los hombres y las mujeres, la evidencia revela que, a pesar de que tanto los hombres como las mujeres pueden afectarse por las presiones e incertidumbres de la vida, las mujeres parecen estar afectándose más. Para descubrir el porqué y para aprender qué puedes hacer para aumentar tu felicidad y éxito, acompáñame en un viaje a Chicago en una helada mañana de otoño a las afueras de una renovada pista de *hockey* que ahora es el hogar de los estudios de Harpo Productions.

PARTE 1

ALGO TIENE QUE CAMBIAR

UN TALLER, UN PROGRAMA DE TELEVISIÓN, CIEN MIL PREGUNTAS

¿Qué quieren saber todas las mujeres?

Vivir es tan sorprendente que deja muy
poco tiempo para otras cosas.

—EMILY DICKINSON (1830-1886), poetisa estadounidense

Hoy el tipo raro parado en una esquina de la ciudad de Chicago, mirando a una larga fila de personas que caminan a lo largo de la calle. Es temprano y hace frío, el viento que viene del lago se me cuela por la liviana chaqueta de algodón. Ayer estaba en Puerto Vallarta, disfrutando de unas vacaciones con mi esposa y mis hijos, y no quise desperdiciar el espacio en la maleta empacando un abrigo, lo que me sonó tan innecesario como un traje para la nieve. Hoy, quisiera haber empacado el traje para la nieve.

Trato de protegerme del viento levantando el cuello de la chaqueta y continúo observando la fila de gente.

No sabía que sería de esta forma, que la gente estaría tan entusiasmada, presentándose horas antes del programa, riendo placenteramente, y balanceándose sobre la planta de los pies. Me recuerda una fila afuera de un concierto de rock. Una fila de mujeres, de todas las edades y razas, hijas y madres, hermanas todas, vestidas de punta en blanco, con el pelo volando, elegantes faldas y brillantes zapatos de tacón alto, todas esperando ser parte del programa, de su programa, el *Oprah Winfrey Show*.

Yo estoy aquí para ser parte del programa también —más específicamente, para filmar un taller de tres horas titulado «Career Intervention» (Cómo mejorar tu carrera). Los productores del *Oprah Winfrey Show* hace poco descubrieron que muchos de sus televidentes no miran el programa en vivo, sino que lo graban. Esto quiere decir que la mayoría de esos televidentes está trabajando durante el día y que cuando llegan a sus hogares en la noche entonces ven sus programas favoritos. Y si la mayoría trabaja —pensaron los productores— entonces querrán saber cómo encontrar trabajos gratificantes, trabajos que les entusiasmen, trabajos por los que sientan pasión. Así que los productores, a través de Oprah.com, hicieron un llamado a mujeres que no estuvieran felices en sus trabajos, y resultaron ser una especie rara. Ellos revisaron una avalancha de respuestas, seleccionaron una lista corta de cien mujeres talentosas pero insatisfechas, las entrevistaron, y redujeron la lista a treinta, y las invitaron a un taller con Oprah. Y entonces me llamaron a mí.

En esto es en lo que soy experto. Soy un estratega para identificar puntos fuertes. Ayudo a compañías e individuos a identificar sus fortalezas, y a idear las estrategias correctas para aprovecharlas al máximo. He estado haciendo esto por veinte años, desde que dejé mi hogar en el Reino Unido, y me uní a la organización Gallup, que es una organización que se especializa en encuestas.

Durante el tiempo que estuve en Gallup, aprendí el arte y la ciencia de diseñar preguntas que midan las fortalezas particulares de una persona. Y por «fortalezas» no quiero decir la habilidad de tocar el violín o pintar un cuadro o correr los cien metros planos en menos de diez segundos. En cambio, me refiero a las habilidades como la empatía, la paciencia, la determinación o la valentía. Si quisieras descubrir si una persona es realmente valiente, ¿qué preguntas le harías? Le preguntarías: «¿Eres agresivo a veces y desafías a la gente más de lo que deberías?» O qué te parece: «Háblame sobre alguna ocasión en la que pudiste superar la resistencia a tus ideas». O tal vez algo muy simple: «En una escala de 1 al 10, en la que 10 es lo más alto, ¿qué tan valiente eres?» O tal vez todo lo anterior.

Ese tipo de cosa me parece fascinante. El que puedas clasificar todas las posible preguntas sobre la «valentía» e identificar las más poderosas, y que puedas hacer lo mismo con preguntas que predicen el talento de una persona para ser agradable, responsable o demostrar empatía, y que puedas formular esas preguntas de tal manera que esa persona se revelará a sí misma, aun cuando sabe que eso es precisamente lo que estás tratando de lograr que haga... todo esto, a mí, me deja patidifuso. Es fantástico, emocionante, desconcertante... ¡todo al mismo tiempo!

Impulsado por esta fascinación por las fortalezas personales, he escrito tres libros sobre cómo puedes identificar y aplicar las tuyas; el primero se titula *Ahora descubra sus fortalezas,* el que le sigue es *Go*

5

Put Your Strengths to Work [Poner a funcionar sus fortalezas], y una colección de libro y DVD llamada *The Truth About You*[1] [La verdad sobre ti].

Hasta fundé mi propia compañía, TMBC, para ayudar a los líderes y gerentes a maximizar las fortalezas de su personal. Muchos de nosotros pasamos por la vida sin darnos cuenta de cuáles son nuestras verdaderas fortalezas, o, quizás sabemos cuáles son, pero tenemos dificultad para ponerlas en práctica en el hogar o en el trabajo. De hecho, cuando realizas repetidas encuestas preguntando: «¿En qué porcentaje de tiempo en un día típico utilizas tus fortalezas?», solo el catorce por ciento responde: «La mayor parte del tiempo».

La misión que tengo en la vida es aumentar ese número. Esta misión ha tomado formas diferentes en tiempos diferentes en mi carrera. He escrito libros, he dado conferencias, producido películas, adiestrado a ejecutivos, y he sido consultor de grandes organizaciones, pero la misión en sí ha permanecido constante. Y no tengo duda de que se mantendrá así por el resto del tiempo en que trabaje en la vida. No se trata de algo intelectual, aunque bien es cierto que el crear preguntas y encontrar las estrategias para estas fortalezas sí es intelectual. Sin embargo, la misión en sí es instintiva. Es lo que mi corazón busca cuando trato de alcanzar un propósito y a lo que la mente vuelve naturalmente cuando todo lo demás está quieto.

Lo veo en mi fascinación visceral con el porqué dos personas del mismo género, raza y edad pueden ser tan diferentes en cuanto a cuán bien recuerdan nombres o cuán impacientes u organizadas son. Lo veo en mi necesidad de involucrarme en la vida de alguien y decirle lo que debería hacer para aprovechar sus dones particulares. No diría que soy necesariamente una persona altruista en todos los aspectos de mi vida. Por naturaleza no soy alguien que cuida de los demás ni tampoco alguien a quien la gente recurre cuando necesita un hombro donde llorar, pero cuando se trata de aconsejar sobre cómo sacarle el mejor provecho a la vida, no me puedo detener. Le doy con todo, investigo, exhorto, empujo y engatuso. Es una compulsión irresistible que me dice: *Cada persona nace diferente. Tú debes hacer lo más que puedas para ayudarla a sacarle provecho a esta diferencia.*

Imagino que en algún lugar, bien adentro en uno de mis cromosomas, podrías encontrar esta misión escrita en el idioma del código de mi ADN. Yo escojo escribirla de esta manera:

Mi misión es ayudar a cada persona a identificar sus fortalezas, a que las tome en serio, y se las ofrezca al mundo.

Comencé mi carrera enfocando esta misión en el mundo del trabajo, en gran parte porque las personas más exitosas en este ámbito son muy buenas en esto. Sin embargo, en los últimos veinte años se me ha hecho cada vez más evidente que es necesario extender esta perspectiva basada en las fortalezas a la vida más allá del trabajo.

Primero, porque sencillamente el mundo laboral me llevó hasta allí. Cuando estoy adiestrando a altos ejecutivos sobre cómo hacer uso de sus fortalezas, o cómo levantar una organización basada en las fortalezas, inevitablemente la conversación se amplía más allá de las competencias que alguien necesita para hacer su trabajo. En nuestra economía basada en el conocimiento y el servicio, donde el valor de la mayoría de los trabajos ahora depende de los talentos y las relaciones del empleado, las organizaciones necesitan entender y valorar la total autenticidad de cada ser humano que trabaja para ellos, no solo para mantener a los empleados involucrados, pero, más importante aun, para sacar provecho de la creatividad, inventiva y perspectiva de cada persona. Los mundos del trabajo, el hogar, las amistades, los pasatiempos y los intereses especiales están hoy día tan entrelazados —tanto tecnológicamente como en su forma práctica— que todas las organizaciones con un alto desempeño tienen que llegar más allá del entorno laboral y considerar al individuo en su totalidad.

Y segundo, quiero llegar más allá del mundo del trabajo porque un conjunto creciente de evidencia revela que descubrir y aplicar tus fortalezas es la clave para vivir una vida feliz y exitosa. La joven disciplina de la Psicología Positiva ya ha producido desacuerdos saludables sobre las causas de la felicidad —que es motivada por la buena salud, el compañerismo, el poder adquisitivo o la correspondencia entre lo que quieres y lo que realmente alcanzas—, sobre si tu nivel de felicidad es variable —algunos afirman que cada uno de nosotros tiene un «marcador» de felicidad y que nada, no importa cuán trágico o maravilloso, puede mover ese dial, mientras que otros asumen una postura menos fatalista y hasta si la felicidad absoluta es la meta correcta. Algunos estudios recientes sugieren que las personas que se asignan un ocho o un nueve en la escala de la felicidad terminan siendo más felices que los que se atribuyen un diez absoluto.

Sin embargo, cuando se trata de hacer a la gente tanto feliz como eficaz, todos concuerdan —desde «psicólogos» como Albert Bandura, Mihaly Csikszentmihalyi y Martin Seligman, hasta «economistas» como Robert Easterlin y el ganador del Premio Nobel, Daniel Kahneman— en el maravilloso poder de la eficacia propia. La eficacia propia no es meramente una sensación general de autoestima, o de ser una persona digna. En lugar de esto, es un sentimiento atado a una tarea, actividad o situación específica. Lo sientes cuando evalúas una tarea, actividad o situación específica y sabes, sencillamente *sabes*, que estás en control —que tienes lo que se necesita para abordar la tarea, para llevar a cabo la actividad, para tener poder dentro de la situación. Esto no quiere decir que sientas que tienes un dominio completo. Por el contrario, estás consciente de que existen otras destrezas que debes aprender. Es más bien, que para esta tarea específica, para esta actividad específica, dentro de esta situación específica, te sientes emocionado por esta necesidad de aprender más, de refinar tu técnica, de experimentar, de mejorar. La eficacia propia, entonces, eres tú cuando te sientes más seguro, más comprometido, más sabio, y aun así tienes curiosidad. Es eso que sientes cuando estás en la «zona de tus fortalezas». Y ya sea que se lleve a cabo la investigación dentro del ámbito laboral o fuera de él, en la escuela o en la casa, con estudiantes o con adultos, esta sensación de estar en tu «zona de fortaleza» siempre está altamente correlacionada tanto con la felicidad como con la efectividad.

Animado por este enlace entre las fortalezas y la felicidad en *todos* los aspectos de la vida, me he sentado muchas veces, a lo largo de los pasados veinte años, a escribir este libro. No obstante, otros proyectos se han interpuesto y han desviado mi atención. Y entonces algo sucedió en Chicago —una respuesta abrumadora, una lluvia inesperada de preguntas— y supe instintivamente que debía dejar a un lado todo lo demás y sentarme a escribir.

Se abrieron las puertas de Harpo Studios, y todos entramos. Yo me dirigí al escenario, y todas las mujeres bien vestidas a sus asientos en el estudio —algunas para participar en la grabación de un show de Oprah y otras para participar de nuestro taller— y luego, después de que Oprah hizo las presentaciones de rigor, hicimos el taller juntos: treinta mujeres talentosas pero insatisfechas que buscaban dirección y propósito, un ejecutivo de los medios de comunicación inmensamente exitoso sentado en la primera fila, y yo.

Lo que se suponía que ocurriera era esto: mis ayudantes y yo debíamos aconsejar a cada una de las participantes durante algunos meses, para ayudarlas a redescubrir la pasión en su trabajo o a que buscaran otro trabajo, haciéndolas meditar en sus creencias, las personas y los obstáculos que las estaban perjudicando. Y luego, después de dar seguimiento a las participantes durante seis meses, debíamos reunirnos otra vez y ver los cambios que ellas habían hecho. Y lo captaríamos todo —el «antes», la jornada y el «después»— en un programa de una hora de duración.

Y realmente así ocurrió. Fue un buen programa. A mí me gustó, a Oprah también pareció gustarle, y lo que es más importante, las mujeres en ese taller hicieron cambios significativos y positivos en sus vidas. Y si esto hubiera sido todo lo ocurrido, habría sido suficiente —treinta mujeres cuyas vidas estaban «atoradas», ya no lo estaban y ahora estaban avanzando de nuevo.

Pero esto no fue todo lo que sucedió. En las semanas que siguieron al programa, más de medio millón de personas accedieron el sitio Oprah.com y descargaron el taller de tres horas de duración. Y el tablero de mensajes se encendió como un espectáculo de fuegos artificiales en las Olimpiadas. Más de cien mil personas, en su mayoría mujeres, escribieron mensajes en Internet, algunas buscando ayuda, otras ofreciendo apoyo y consejo.

He aquí lo que dijo Alijay1030, una esposa y madre atemorizada ante la posibilidad de tomar una mala decisión:

Tengo miedo de dejar una profesión que le provee a nuestra familia buenos beneficios y una entrada que nos permite vivir con comodidad, y al mismo tiempo ahorrar para los estudios universitarios de nuestros hijos, nuestro retiro, etc. Y sin embargo, me pregunto si estoy «viviendo mi mejor vida», y la respuesta es un absoluto no. Necesito más. Necesito un propósito. Necesito sentir pasión por lo que hago. En lo profundo de mí sé que debo hacer algo. Pero no sé qué es ese algo. ¿Dónde comienzo? He estado haciendo un trabajo que detesto por tanto mucho tiempo que he perdido el contacto conmigo misma. He olvidado en qué soy buena y qué es lo que disfruto hacer. ¿Qué se hace cuando una se siente completamente perdida?

He aquí lo que dice Kelly, quien es maestra:

Debería estar agradecida por lo que tengo. Me pagan muy bien por lo que hago, recibo muy buenos beneficios y no tengo que trabajar durante el verano. Pero me siento atormentada en cuanto a mi futuro. Sé que debo dejar mi trabajo, pero, ¿qué puedo hacer? La fe de hacer lo que a uno le gusta hacer teóricamente es algo fantástico, pero, ¿y qué si no sabes qué hacer? Y luego, cuando encuentras la respuesta, ¿cómo encuentras el valor para hacerlo?

He aquí lo que dice Karlene:

Si mis fortalezas o puntos fuertes son en áreas en las que no tengo adiestramiento, y en las que de todos modos no me pagarían muy bien, ¿debo simplemente olvidarlo y trabajar en algo que no me complementa?

Teresa formuló la misma pregunta:

¿Qué sugiere como «punto de partida» para quienes necesitamos tiempo para comenzar una nueva carrera pero que actualmente no tenemos ninguna fuente de ingreso ni el tiempo necesario? ¿Tratamos, mientras tanto, de conseguir otro trabajo en nuestra profesión corriente?

Y entonces, he aquí Kaykel, una aeromoza de cuarenta y ocho años de edad, que preguntó:

¿Me puede ayudar a no sentir temor al cambio, y a encontrar y seguir lo que me apasiona? Mi carrera fue fantástica por mucho tiempo pero ya no hay nada que pueda aprender en mi trabajo, y en esta etapa de mi vida tengo otros anhelos. Terminé mi bachillerato en el 1982, ¿pero adónde me puede llevar eso hoy?

Liz estaba en una etapa diferente a la de Kaykel, pero sentía el mismo temor:

He estado leyendo muchos de los comentarios y haciendo un intenso examen de conciencia desde que tomé el curso de Marcus, y finalmente, tengo que admitir que tengo que hacer un cambio. Ahora viene la parte difícil... convencer a mi esposo y a mi familia que es lo correcto para todos nosotros. Tengo un buen trabajo, me pagan muy bien y tengo mucha flexibilidad —pero estoy descubriendo que eso no es suficiente. La satisfacción en mi trabajo es cero. No estoy hablando de cambiar de industria, pero estoy planificando metódicamente cómo puedo usar mis fortalezas en la misma industria y va a requerir que cambie la seguridad de mi trabajo (una entrada segura, beneficios) por una entrada menos segura (basada en comisiones). Debo admitir que tengo miedo. ¿Y qué si fracaso? ¿Y qué si las cosas no resultan? Mis hijos son todavía muy pequeños... ¿debería esperar? Estas son las preguntas que me he estado haciendo y tratando de superar. ¿Alguien ha enfrentado los temores de hacer un cambio en la vida? ¿Cómo los ha vencido?

Y Caroline, una esposa y madre que no aceptó un trabajo que hubiera significado sacrificar tiempo con su familia, y luego puso en duda su decisión:

Soy madre de dos encantadores mellizos que tienen casi cinco años, y aun cuando mi esposo y yo estamos bastante bien financieramente, no dejamos de nos preocuparnos por lo que sucederá o si podremos mandarlos a la universidad si esta economía continúa empeorando. Ahora bien, no sé si he hecho lo correcto... Trabajo en una industria que presta servicios, y hace poco me ofrecieron una posición que hubiera puesto más dinero en mi bolsillo y la oportunidad de avanzar en la compañía con más rapidez. Y dije que no. Me gustaría tener el dinero para ahorrarlo para los chicos, pero las horas extra que hubiera tenido que trabajar hubieran significado menos tiempo con mis hijos. Y no hubiera estado en casa dos noches por semana para acostarlos. Mi esposo colabora en las tareas de la casa, no tengo quejas reales en este aspecto, pero definitivamente yo hago la mayor parte del trabajo, y creo que a mis hijos les gusta que esté disponible. Tampoco quiero perderme estos preciados años. ¿Qué piensa la gente de esto? Siempre se nos dice que pongamos primero nuestras prioridades, y esto es lo que estoy haciendo, pero habría estado usando mis fortalezas con esa promoción, y también hubiera ganado más dinero. Realmente no estoy segura si estoy capacitada para ser parte del mundo de la competencia profesional. ¿Fui haragana y egoísta al no aceptar ese trabajo? ¿Hay alguien que haya tenido estas mismas preocupaciones?

Y luego, por supuesto, esto es lo que escribe Kelly21:

¿Cómo otras mujeres pueden hacer todo lo que hay que hacer en el hogar en un día sin sacrificar a la familia o las relaciones del trabajo o su sentido de bienestar propio? ¿Acaso es irrealista creer que lo podemos hacer todo?

Y finalmente, Vanesa, la más conmovedora:

Me estoy muriendo en el trabajo. Soy representante de ventas para una compañía farmacéutica. Estoy trabajando muchísimas horas en lo que mi esposo termina su internado en medicina. En cierto sentido, sé que estoy haciendo lo correcto para mi hija, para mi esposo. Pero, ¿es así? ¿Es realmente así? ¿Qué clase de mensaje le estoy dando a mi hija? Que un día, mi amor, vas a ser como mamá: alguien que deja a los seres que ama para ir a un trabajo que detesta. ¿Qué clase de locura es esta?

Estas preguntas tal vez comiencen con el trabajo, pero con mucha rapidez trascienden más allá del mundo laboral. Tienen que ver con dirección, propósito, pasión, crianza de los hijos, trabajo y familia, el valor para hacer un cambio, la dificultad de explicarle esto a tu familia, la lucha de llegar a la definición correcta de tener éxito. ¿Cómo enfrento el cambio sin temor? ¿Cuándo es el momento apropiado para arriesgarse a hacer un cambio grande? ¿Cuándo debo ser egoísta y ponerme a mí primero, o es eso siquiera egoísta? ¿Puedo ser sensata, tener los pies en la tierra y disfrutar de seguridad financiera sin abandonar mi pasión? ¿Cómo puedo destacarme como madre, empleada y esposa sin perderme a mí misma en el proceso?

Estos retos se centran en una pregunta única que lo abarca todo: ¿cómo puedo vivir una vida plena y satisfactoria?

¿Reconoces esos retos, cierto? Los retos de cada persona surgen de los detalles específicos de su propia vida, pero es muy probable que te resulten familiares. Ya sea que trabajes fuera y estés criando a tus hijos, o te quedes en el hogar y estés criando a tus hijos; o bien que estés comenzando o ya estés bien establecida en tu carrera, o que estés en el sendero correcto pero te sientes demasiado estresada, o ya sea que sientas que estás muy lejos de tus metas y te sientes completamente perdida, estos retos son tus retos.

Cuando digo esto no quiero ser presuntuoso. Tal vez seas una de esas personas que siempre está enfocada, que se siente exitosa, con suficiente energía y tiempo, y que las pocas dudas que tienes son prontamente ahogadas por los muchos momentos de verdadera realización. Si lo eres, muy bien, has triunfado en darle forma a tu vida de acuerdo a tu diseño.

Pero no es así con muchas de las mujeres. La mayoría de ellas lucha con los mismos desafíos que aparecieron en la sección de mensajes del sitio Oprah.com. Y no es culpa tuya. De hecho, cuando te fijas detenidamente en los datos referentes a la felicidad y el bienestar de las mujeres hoy día, descubres una paradoja extraña: Durante los últimos cuarenta años, las mujeres han asegurado mejores oportunidades, mayor realización, más influencia y más dinero. Pero a lo largo del mismo periodo de tiempo, han llegado a sentirse menos felices, más ansiosas, más estresadas, y, en números que siguen aumentando, están usando medicamentos para tratar de resolverlo.

LA PARADOJA FEMENINA

¿Qué trampa les tiende la vida moderna?

Porque la idea es, a largo plazo, que la liberación
femenina será, también, la liberación masculina.

—GLORIA STEINEM (nacida 1934), escritora y activista estadounidense

magínate que es el año 1969 y nos encontramos en una próspera
ciudad estadounidense. Digamos que es Detroit. La década de los
sesenta fue muy buena para la ciudad que se conoce por la manu-
facturación de automóviles, y el futuro se veía tan brillante como
el cromo nuevo. Ahora imagínate que en la Avenida Woodward de
Detroit detienes a una mujer que trabaja fuera del hogar, tal vez a
una joven empleada de un banco, y le pides que adelante su mente
décadas en el futuro. No para que se imagine los autos voladores y
los restaurantes con temas espaciales que siempre aparecen en las
visiones del futuro, sino para que piense en el papel de las mujeres
en el trabajo, en los negocios, en el gobierno y en la vida. ¿Qué crees
que hubiera dicho?

El año 1969 fue un tiempo muy intenso y emocionante para
las mujeres en Estados Unidos. Betty Friedan había publicado *La*

mística de la feminidad hacía algunos años, y había fundado la Organización Nacional para la Mujer en el 1966. Y Gloria Steinem, su compatriota más controvertida, acababa de publicar un ensayo llamado «After Black Power: Women's Liberation» [Después del poder negro: La liberación de las mujeres] en el *New York Magazine* que lanzó el movimiento moderno de la mujer. Hacía un llamado por trabajos significativos, por salarios equitativos y por la meta de que todas las mujeres fueran liberadas del rol de solo «servir a los hombres y a sus hijos».

Adelántate cuarenta años: no importa lo optimista de las predicciones de nuestra «dama en la Avenida Woodward», estoy seguro que no hubieran podido superar lo que realmente ocurrió.

Dudo que se hubiera imaginado que a principios del siglo veintiuno, las mujeres estarían gobernando países tan poderosos y diversos como Alemania e Irlanda, Bangladesh y Nueva Zelanda, Chile, Mozambique y Jamaica. O que la esposa de un presidente de Estados Unidos hubiera sido durante muchos meses en el 2008 la favorita nacional para ser presidenta, y al fracasar en ese intento, se convirtiera en una extrovertida secretaria de estado, o que la presidenta del senado fuera una mujer. O que John McCain, el candidato republicano en las elecciones del 2008, hubiera elegido a una mujer que caza alces y viaja en helicópteros, que es muy simpática y es madre de cinco hijos, para ocupar el cargo de vicepresidenta porque ella había puesto en su lugar a las compañías petroleras como gobernadora del difícil estado de Alaska.

¿Y qué de la educación? Estoy seguro de que ella hubiera pronosticado que más mujeres completarían la enseñanza secundaria y asistirían a la universidad, ¿pero crees que hubiera predicho que durante el año escolar 2008, el cincuenta y nueve por ciento de *todos* los bachilleratos y sesenta y un por ciento de *todas* las maestrías las obtuvieron mujeres y no hombres?[1] ¿O que para el 2009, cuatro de las ocho universidades más prestigiosas de Estados Unidos —Harvard, Brown, Penn y Princenton— tendrían a mujeres como presidentas?

¿Y sobre el trabajo? Tal vez hubiera predicho que en el futuro, más mujeres estarían trabajando fuera de sus hogares, ¿pero hubiera pensado que más mujeres estarían ocupando posiciones de gerencia y supervisión que los hombres, por un margen de treinta y siete ciento por ciento a treinta y uno por ciento?[2] ¿Y que en trabajos iguales las mujeres estarían ganando exactamente lo que ganan los hombres, y que el salario de las mujeres en realidad aumentaría con más rapidez que el de los hombres?[3] Lo dudo.

Sin embargo, la mayor sorpresa habría sido si le hubieras formulado solo una pregunta más. Dada toda la evidencia de que las mujeres dirigen corporaciones y universidades, hospitales, imperios de los medios de comunicación, ramas del gobierno y países, ¿crees que en el futuro las mujeres serán más felices?

Por supuesto que serán felices, hubiera dicho ella. Con todas estas elecciones y oportunidades, ¿por qué no habrían de serlo?

Claro está, esto resultaría una respuesta demasiado sencilla.

Todos los años, comenzando en 1972, la United States General Social Survey, la encuesta social general de Estados Unidos, ha preguntado a hombres y a mujeres lo siguiente: «En una escala de 1 a 3, donde 3 significa que eres muy feliz y 1, no demasiado, ¿cuán feliz eres?» Esta encuesta incluye una muestra representativa de hombres y mujeres de todas las edades, niveles de estudios, niveles de sueldos y estado civil —mil quinientas personas por año, para un total de casi cincuenta mil hasta ahora— así que nos provee un cuadro muy confiable sobre lo que ha sucedido con la felicidad de los hombres y las mujeres en las últimas décadas.

Como puedes imaginar, una encuesta tan grande genera muchísimas conclusiones, pero para nuestros propósitos, he aquí los dos descubrimientos más importantes.

En primer lugar, desde 1972, el nivel general de felicidad en las mujeres ha bajado, tanto al compararlo con lo que era hace cuarenta años y con relación a los hombres.[4] Puedes ver esta reducción en la felicidad de las mujeres sin tener en cuenta si tienen hijos, cuántos hijos tienen, cuánto dinero ganan, el estado de su salud, qué trabajo tienen, ya sea que sean casadas, solteras o divorciadas, qué edad tienen, o de qué raza son. (Hay una sola excepción, las mujeres de la raza negra son ahora un poco más felices de lo que lo eran en 1972, aunque todavía son menos felices que los hombres de raza negra.)

Si tu estilo de aprender es visual, he aquí como se ve el gráfico:[5]

FELICIDAD POR AÑO

Y, por si acaso te lo estás preguntado, este hallazgo no es ni exclusivo de este estudio ni tampoco exclusivo de Estados Unidos. En años recientes, se han dado a conocer los resultados de seis importantes estudios sobre la felicidad:

- United States Social Survey (encuesta social general de Estados Unidos: 46,000 personas, entre 1972–2007)
- Virginia Slims Survey of American Women (encuesta Virginia Slims de mujeres estadounidenses: 26,000 personas, entre 1972–2000)
- Monitoring the Future (encuesta Controlar el futuro: 430,000 alumnos del duodécimo grado en Estados Unidos entre 1976–2005)
- The British Household Panel Study (estudio británico de casas: 121,000 personas, entre 1991–2004)
- The Eurobarometer Analysis (análisis Eurobarometer: 636,000 personas, entre 1973–2002, que incluyó a quince países)
- The International Social Survey Program (programa internacional de encuesta social: 97,462 personas, entre 1991–2001, que se hizo incluyendo treinta y cinco países desarrollados).

En total, más de 1.3 millones de hombres y mujeres han participado en encuestas en los últimos treinta años, tanto en Estados Unidos como en países desarrollados en todo el mundo. En todos los lugares en que los investigadores han podido recolectar información confiable sobre la felicidad, el descubriendo siempre ha sido el mismo:

mayor educación universitaria y política, y oportunidades de trabajo han correspondido a una *disminución* en la felicidad de las mujeres, comparadas con los hombres.

Me siento raro escribiendo esa oración, pues parecería un error tipográfico o que tengo «un día al revés», como diría mi hija. Pero no es así. Aunque por supuesto que las tendencias en la información no sugieren que todas las mujeres son menos felices de lo que fueron en 1972 —las tendencias son bastante pequeñas—, el hecho es que, en más de un millón de personas, las tendencias están presentes, y van en la dirección opuesta de lo que la mayoría de la personas hubiera predicho.

El segundo descubrimiento es el siguiente: aunque las mujeres comienzan la vida sintiéndose más realizadas que los hombres, gradualmente se sienten menos felices. En contraste, los hombres se sienten más felices a medida que envejecen.[6]

He aquí el gráfico, tomado de la información de General Social Survey:[7]

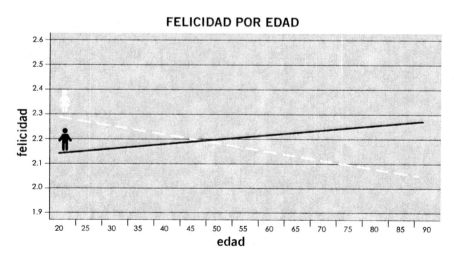

FELICIDAD POR EDAD

Esta infelicidad puede filtrarse sigilosamente en todos los aspectos de la vida de una mujer. Cuando los investigadores formularon preguntas más específicas tales como: «¿Cuán satisfecha te encuentras con el estado de tu matrimonio?», «¿Cuán feliz estás con las cosas que posees?» o «¿Cuán satisfecha te encuentras con tus finanzas?», el patrón siempre fue el mismo: las mujeres comienzan la vida más satisfechas que los hombres y terminan menos satisfechas que ellos. Y por supuesto, el punto de transición varía un poco: la felicidad de las mujeres con su matrimonio está por debajo de la del hombre a la edad de treinta y nueve años; la satisfacción con sus finanzas declina a los cuarenta y uno; y a los cuarenta y cuatro están más insatisfechas que los hombres con respecto a sus posesiones.

Pero por lo general, la trayectoria es consecuente, y consecuentemente va cuesta abajo. Como puedes ver en el gráfico, para cuando las mujeres llegan a los cuarenta y siete años de edad, en general están menos satisfechas con la vida que los hombres, y la tendencia continúa bajando desde ese punto.

Por supuesto que esto no quiere decir que cada mujer en forma individual se siente menos feliz que cada hombre en forma individual —a todos nos suceden ciertas cosas, y ya seas hombre o mujer, algunos días estamos en el séptimo cielo y otros días nos sentimos deprimidos; y otras veces, como dijera una cantante, sucumbimos a un punto aun más bajo. Tampoco quiere decir que este punto de vista sombrío sobre la vida te va a afectar a *ti*. Tú eres un ser humano único, singular, bendecida con la libertad de tomar tus propias decisiones, así que está completamente dentro de tu poder escoger una vida, y una perspectiva sobre la vida, que sea *más* satisfactoria a medida que envejeces, en lugar de que sea menos satisfactoria.

Tendría muy poco sentido leer un libro como este si no creyeras que tuvieras ese poder.

Sin embargo, en estos momentos, las dos tendencias que vemos en la información son reales y reveladoras:

1. En las últimas décadas, las mujeres se han sentido menos felices con sus vidas.
2. A medida que envejecen, las mujeres se vuelven más tristes.

Mira a tu alrededor, y fácilmente vas a encontrar alguna otra investigación que confirme y valide estas dos tendencias. Por ejemplo, fíjate en el estrés. Un grupo de sociólogos de *Ohio State University* examinaron datos recopilados diariamente por dos estudios nacionales —uno llevado a cabo en el 1976 y el otro en el 1999—, para ver si la experiencia de los hombres y las mujeres sobre su «tiempo libre» había cambiado en veinte años.[8] He aquí lo que encontraron:

- *Era mucho más probable que en el 1999 las mujeres se sintieran algunas veces o siempre más apuradas que en 1975, mientras que no era así con los hombres.* Así que no solo las mujeres se están sintiendo menos felices a medida que pasan las décadas, sino que también cada minuto que viven está lleno de más estrés.

- *Cada hora de tiempo libre reduce en un ocho por ciento la posibilidad de que los hombres se sientan estresados, pero cada hora de tiempo libre no tiene efecto similar en las mujeres.* Así que, lo que sea que les pase a las mujeres en su así llamado «tiempo libre» no las ayuda a sentirse menos estresadas.

○ *Para las mujeres, las posibilidades de sentirse a veces o siempre estresadas son 2.2 veces más altas para las mujeres casadas con hijos que para las mujeres solteras y sin hijos. En los hombres no ocurre lo mismo.* Traducción: los hijos impiden que las mujeres se sientan relajadas, pero no a los hombres.

Mirando más allá de la información de las encuestas, la Organización Mundial de la Salud puede documentar lo que le produce a la salud mental de una mujer esta clase de estrés. De acuerdo a su análisis más reciente, la depresión es la segunda enfermedad más debilitante en las mujeres (la enfermedad al corazón es la primera), mientras que para los hombres, la depresión cae en el número diez.[9] Como resultado, las mujeres escogen medicarse con remedios antidepresivos y contra la ansiedad dos veces más que los hombres. Y las compañías farmacéuticas, que jamás pierden oportunidad alguna, suplen esta necesidad dirigiendo dos terceras partes de sus avisos de estos medicamentos a las mujeres.

Para respaldar aun más esta información, regresemos a los foros en Oprah.com, y veamos algunas historias detrás de estos datos:

Countess1:

Perdidos, pero no olvidados. Así me siento cuando pienso en mis sueños. Por varios años he estado en una jornada personal que ha incluido tratar de encontrar «eso» único y especial para lo que fui creada. Y aunque estoy bastante segura de saberlo, no tengo ni idea de cómo llegar allí. Soy una madre soltera, criando sola a dos varones gemelos, y gasto todo mi dinero tratando de mantenerlos en escuela privada porque vivimos en uno de los peores distritos escolares de nuestro estado. Tengo tres trabajos para poder pagar los gastos. También he estado trabajando en mis sueños, pero mi trabajo durante el día es tan extenuante, desmoralizador y demanda tanto, que al final casi no me queda nada.

Schadd66:

He mantenido mi hogar por los pasados doce años y estoy descontenta con mi trabajo. Mi esposo se sacrificó para que yo pudiera estudiar enfermería. Me pagan muy bien, pero no estoy contenta con mi trabajo. Pensé que si volvía a estudiar para mi bachillerato y luego mi maestría en enfermería podría encontrar otros trabajos en mi profesión que me gustaran, pero eso no ha sucedido. He tratado varias cosas dentro de esta profesión, incluyendo la enseñanza y trabajar en administración, pero no soy feliz. Sigo haciéndolo porque siento que se los debo a mi esposo y a mis hijos. Siento pavor al levantarme todos los días y saber que tengo que irme a trabajar.

Jkursenski:

Después de nueve años con un trabajo prominente en la industria del entretenimiento, me sentía morir por dentro. Al igual que expresan las mujeres en el programa, sentía que algo pequeño se rompía dentro de mí todos los días. Supe que era tiempo de terminarlo, y lo hice. ¿Pero ahora qué? He estado en mi casa durante unos meses tomando un descanso, pero ahora no sé hacia donde ir. Pasé de ser «alguien» que era «alguien» a nadie en particular… ¿Qué hago ahora?

Luveyduvey, una madre soltera de cuarenta y ocho años, ha sido gerente durante sus veintiséis años de carrera en el campo de la educación avanzada. Recientemente perdió su trabajo:

Hago muy buen trabajo en mi profesión, y me siento confiada en lo que respecta a mis destrezas y habilidades. Mi problema es que nunca me di cuenta de que estaba confiando en mi vida laboral y en mis logros para definir quién soy. Ahora que todo eso no está, o por lo menos no está por un tiempo, me siento totalmente perdida… Estoy cansada, agotada y ya no quiero sentirme exhausta y poco apreciada.

Reneeliz, es madre de gemelos de cinco años, y se acaba de matricular en una institución para estudiar radiología, porque es un trabajo muy bien pagado. Pero, antes de comenzar sus estudios se dio cuenta de que:

¡Esto no va conmigo! De niña siempre fui una persona creativa. Me encantaba el arte y escribir. En algún momento en mi vida pensé que esas cualidades no me llevarían a ninguna parte si no era la mejor en el área, así que las guardé en algún rincón, y me olvidé de eso. Ya no sé quién soy, y no lo he sabido por años. Siempre he querido trabajar en algo que me guste, y en estos momentos no puedo encontrarlo en ningún lugar. Tengo

treinta y ocho años de edad y todavía no sé qué hacer cuando «sea grande». Por favor, ¡ayúdenme!

Tal vez digas: «La vida es dura. Enfréntalo». Y por supuesto que tienes razón. La vida no ha sido diseñada con la felicidad de nadie en mente, y tiene el desconcertante hábito de no recompensar el bien tanto como esperaríamos, de no castigar a los malos con la fuerza que nos gustaría, y hasta en ocasiones, de confundir completamente las dos cosas.

Aun así, solo el peor de los cínicos negaría que algo tiene que cambiar. No solo esta «vida dura» es significativamente más dura para las mujeres que para los hombres, sino que se suponía que los adelantos de los últimos cuarenta años debían haber mejorado las cosas. Y no solo para las mujeres en general, sino para cada mujer individual. Los derechos tan bien luchados, las oportunidades y las ventajas debían haberle dado a las mujeres mucho más que otro difícil papel que desempeñar como «tú en el trabajo». Estaban supuestos a fomentar sentimientos de realización y felicidad en las mujeres, y aun, para algunas pocas, la emoción continua de vivir una vida plena.

Y eso no ha sucedido. Ya sea que estés mirando los datos o leyendo estas historias o escuchando el sonido de tu propia voz, la conclusión es difícil de pasar por alto: durante más o menos los últimos cuarenta años, la vida no ha llegado a ser más satisfactoria para las mujeres; en cambio, se ha convertido, en todas las formas en que hemos podido medir, más agotadora. Para usar las palabras de Thomas Jefferson, aunque las mujeres hoy día tienen la libertad de elegir la vida que quieren vivir, muchas están luchando en su búsqueda de una vida *feliz*.

LECCIONES IMPORTANTES EN ESTE CAPÍTULO

- **A lo largo de los pasados cuarenta años, las mujeres se han convertido en seres menos felices de lo que antes eran, y menos felices que los hombres.** Este patrón es cierto independientemente del estado civil, ya sea que trabajen, que estén criando a sus hijos o ambas tareas, la cantidad de hijos que tengan o el nivel de educación.

- **A medida que las mujeres envejecen se tornan menos satisfechas con todos los aspectos de sus vidas.** Por el contrario, la satisfacción de los hombres aumenta con la edad.

- **Estas dos líneas de tendencia se mueven en dirección opuesta a lo que se hubiera predicho, considerando los dramáticos avances que las mujeres han tenido en términos de educación, oportunidades de empleo, capacidad de rendimiento y la influencia social y política.**

- **Estas líneas de tendencia son considerables en tamaño.** Para darte una idea de su importancia, si asumimos que existe una fuerte relación entre sentirse infeliz y estar desempleado (que sí existe —mientras más tiempo estés desempleado, más deprimido te vuelves), el descenso en la felicidad de las mujeres es como si el desempleo entre las mujeres hubiera aumentando de un diez a un dieciocho por ciento.

- **Hoy día los niveles diarios de estrés en las mujeres son más altos que hace cuarenta años, y el añadir tiempo libre hace muy poco para disminuir estos sentimientos de estrés.**

- **Las mujeres consumen el doble de medicamentos antidepresivos y contra la ansiedad al compararlas con los hombres,** y como resultado (o tal vez como una causa para esta disparidad), las compañías farmacéuticas apuntan estas drogas hacia las mujeres con una mayor agresividad que lo que hacen hacia los hombres.

- **Aunque cada una de estas tendencia representa un «viento contrario» para ti,** tú puedes tomar acción para revocar estas tendencias en tu propia vida.

SOBRE LAS ELECCIONES
Y LOS HOMBRES

¿Qué se interpone en el camino a tu felicidad?

Nunca nos damos cuenta de lo que se ha hecho;
solo vemos lo que falta por hacer.

—MARIE CURIE (1867–1934), científica francesa

¿Qué ha provocado que la vida moderna sea tanto más estresante para las mujeres?

Las causas son tantas y tan variadas como hay mujeres en el mundo, pero a través de toda esta diversidad hay dos causas comunes. Y es triste, pero ambas son crónicas —lo que quiere decir que nunca te vas a deshacer de ellas—, todo lo que puedes hacer es aprender a controlarlas. Lo que es igual de triste es que ninguna te va a sorprender. La mayoría de las mujeres sabe qué es lo que las perjudica, aun cuando no estén seguras sobre lo que deben hacer al respecto. Echemos un vistazo más detallado a estas causas.

Demasiadas elecciones

Una explicación sobre lo que está perjudicando a las mujeres, por supuesto, es que los dos aspectos de la paradoja están vinculados. La razón por la que las mujeres están más ansiosas y estresadas hoy día es *porque* ahora tienen más oportunidades, más elecciones, y por lo tanto, más «áreas» en las que tienen que «dar la talla». Y en ese sentido, tenemos un problema. Se supone que tener elecciones o alternativas es algo bueno, ¿cierto? Claro está, puede ser muy difícil hacer malabarismos con las demandas del trabajo, la familia y las amistades, ¿pero quién querría darle para atrás al reloj cuarenta años cuando no podías obtener la educación que querías, o el trabajo, o la promoción, o el aumento de sueldo?

Muy pocas mujeres lo harían. (En la encuesta de Virginia Slims de 1999, el setenta y dos por ciento de las mujeres dijo que «el hecho de que las mujeres tengan más elecciones en la sociedad de hoy día, les ofrece más oportunidades para ser felices».) La mayoría de las mujeres quieren tener la libertad de hacer sus propias elecciones de trabajar o no trabajar, y cuando se les presenta esta elección, la mayoría en realidad escoge trabajar. Tienes que ir hacia atrás al año 1974 que fue el último año en que las mujeres prefirieron quedarse en el hogar (sesenta por ciento). Hoy día, cuando se les presenta la elección entre trabajar o quedarse en el hogar, solo cuarenta y cinco por ciento de las mujeres prefiere quedarse en el hogar.[1]

Y esta no es una elección fingida que se origina en la necesidad financiera, como diciendo: «Tengo que trabajar para poder mantener el estilo de vida que hemos escogido». Es una elección motivada por el deseo de encontrar oportunidades fuera del hogar para expresarte a ti misma y hacer una contribución productiva. De hecho, no sé esto con certeza, pero es la explicación más obvia para el hecho de que setenta y dos por ciento de las mujeres cuyos esposos ganan entre $60,000 y $120,000 (dólares) por año todavía escogen trabajar fuera del hogar.[2] (Si tu esposo gana más de $120,000, es todavía más probable que trabajes fuera, cincuenta y cuatro a cuarenta y seis por ciento.)

Por supuesto, hay un grupo particular de mujeres que no tienen otra alternativa que trabajar: las madres que crían a los hijos solas. La información revela que si eres una madre soltera que no trabaja, es seis veces más posible que vivas en la pobreza que si trabajaras.[3] Decidir entre trabajar y la pobreza no es mucha elección.

Sin embargo, todavía la mayoría de las mujeres sí tiene la alternativa real de elegir cómo pasar el tiempo que están despiertas, y la mayoría de ellas quiere esta opción. El desafío con la elección es, que cuando la tienes, tienes que hacerla, y lo que es importante, debes escoger la correcta. Te guste o no, tienes la responsabilidad de estudiar todas las elecciones posibles que podrías tomar y quedarte con las poquísimas que *deberías* tomar, y entonces, habiendo reducido tus opciones, se supone que hagas tu elección sin sentir temor, culpa y remordimiento persistente.

Hoy día para una mujer esto es casi imposible de hacer, pues las elecciones son muy numerosas y es muchísimo lo que está en juego. ¿Debes tener un hijo primero y luego enfocarte en el trabajo? ¿Debes perseguir tu sueño artístico ahora o esperar hasta que tengas dinero ahorrado en el banco? ¿Es mejor aceptar el trabajo con menos responsabilidades si significa más tiempo con tu familia? ¿Debes mantener a tu hijo en casa o mandarlo a una guardería infantil? ¿O trabajar más horas para poder pagar por una niñera con mejores calificaciones? ¿Contestar ese correo electrónico o terminar el rompecabezas de tu hijo? ¿Cuidar a tu madre o aceptar ese trabajo en el banco para ayudar a pagar por su enfermera? ¿Quedarte en un trabajo que te aburre o arriesgarlo todo por uno que te gustaría? ¿Arriesgarlo todo por ti misma o permanecer donde estás por los demás? Las preguntas no tienen fin, las respuestas son diferentes para todas... y las consecuencias de hacer la elección incorrecta da casi demasiado miedo como para contemplarlas. Posiblemente esperas que trabajar mientras tu hijo está en la guardería infantil es una opción sensata, y, como lo muestra la investigación, puede serlo, pero sabes que jamás te perdonarías a ti misma si fuera la elección equivocada.

Con tantas elecciones, ¿cómo saber que estás tomando las decisiones correctas? ¿Cómo puedes sentirte feliz y segura?

Según Barry Schwartz, profesor de teoría social en Swarthomore College, esto no es posible. En sus estudios sobre la psicología de la elección, ha descubierto que, contrario a lo que podamos creer, tener tantas elecciones en nuestra vida no nos hace felices.[4] No nos hace sentirnos libres. ¡Nos puede paralizar! Por ejemplo, en uno de sus muchos estudios, encontró una correlación negativa entre el número de planes de retiro que se ofrecían a los trabajadores de una empresa y el número de trabajadores que realmente escogían un plan. En otras palabras, cuantos más planes ofrecía la compañía, era mucho más probable que las personas no escogieran ninguno de ellos. Estas personas perdieron dinero porque estaban demasiado abrumadas por el exceso de elecciones.

¿Y por qué nos paraliza el exceso de elecciones? Según Schwartz, el resultado psicológico de tener demasiadas elecciones es que siempre estamos en la búsqueda de una perfección elusiva. No solo queremos un par de pantalones vaqueros. Sino que, seducidos ante la visión de vitrinas tras vitrinas, y estanterías tras estanterías, queremos los pantalones vaqueros perfectos, el mejor televisor de pantalla plana, la niñera más inteligente para nuestros hijos, el trabajo realmente perfecto. Persuadidos por la posibilidad de algo perfecto, terminamos dedicando demasiado tiempo al proceso de la elección, cavilando una y otra vez, y luego, después de que hemos elegido, ponemos en duda nuestra decisión. Con tantas opciones disponibles llega a ser casi imposible estar satisfechos con la que hemos escogido.

Así que, aunque hacer una elección es claramente mejor que no elegir nada, una multitud de elecciones no es mejor que alguna elección. El trabajo del profesor Schwartz confirma lo que creo que has sospechado desde hace mucho tiempo: es difícil hacer una elección sin sentir miedo, culpa o remordimiento cuando se te presentan demasiadas alternativas.

Se hace todavía más difícil cuando las personas que te conocen, te aman y se preocupan por ti insisten en dar su opinión sobre cuál es la elección correcta para ti.

Por supuesto que no eres feliz, te dice tu mamá. Trabajas demasiado, no pasas suficiente tiempo con tus hijos, no compartes muchas comidas con la familia, y por supuesto, tampoco cocinas esas comidas en casa. No puedes concebir porque tienes demasiado estrés en el trabajo y no pasas el tiempo suficiente en el dormitorio con tu esposo, o ambas cosas.

Y si eso no fuera suficiente crítica…

No tienes buena salud porque no tienes tiempo para ir al gimnasio, no bajas de peso porque comes comidas rápidas siempre corriendo, y definitivamente no te estás poniendo más joven. «No trabajé fuera de mi hogar», dice ella mientras te sigue enterrando el puñal en la espalda, «pero por lo menos fui una buena madre. Y era feliz».

Tu amiga, inevitablemente, piensa que tu mamá está equivocada. Tu amiga sabe que te volverías loca si te quedaras en tu casa con tus hijos. Ella te dice que debes enfocarte *más* en el trabajo, impresionar a tu jefe, conseguir un aumento de sueldo, ser más agresiva, y permanecer en el trabajo más tiempo que los demás. ¿No es por eso por lo que las mujeres han estado luchando durante cincuenta años?, te pregunta. ¿Poder trabajar tan duro como los hombres, ganar lo mismo que los hombres, delegar las responsabilidades de la vida a otras personas, al igual que los hombres?, te pregunta. Dedícate a eso, te insta. Si Hillary Clinton puede hacer todo eso, y Sarah Palin lo puede hacer, y la mujer que dirige la Compañía Pepsi lo puede hacer, tú también puedes hacerlo.

El sendero parece difícil y desafiante, pero ella tiene razón: a ti te gusta trabajar. Es una parte importante de quién eres. Tal vez la deberías escuchar. Pero entonces tu colega te recuerda que todos los que ocupan posiciones altas en la gerencia tienen un grado de maestría, y tú no lo tienes. Así que ahora la única forma de avanzar es volver a la universidad y obtener la educación que necesitas. Excepto que tienes un prestamista de hipotecas que no te pierde pisada, o un esposo cuyo pequeño negocio recientemente ha estado en dificultades, o una casa llena de hijos que no tienen ni una pista de lo que quieren decir las revistas cuando publican que Mamá necesita más «tiempo para ella», «espacio personal», y unas vacaciones en algún lugar cálido y en donde las prácticas de fútbol no requieran un viaje de treinta minutos por toda la ciudad.

Y también, por supuesto, está la voz que tienes en la cabeza que te dice: *Todos tienen algo de razón, pero soy yo quien tiene que escoger. Es mi responsabilidad, y si no hago la elección correcta, voy a desilusionar a todo el mundo. Me voy a sentir desilusionada conmigo misma.* Y entonces comienza el miedo, y las preguntas, y la culpa en cuanto a las preguntas, y con mucha rapidez te sientes tan estresada y confundida que no puedes ver el sendero por delante.

Algunas personas podrían decir que la vida les pide a los hombres que hagan las mismas elecciones. Pero eso no resiste mucho escrutinio. Para todos los dilemas que enfrentan los hombres, y nosotros tenemos nuestra cuota, no existe mucho debate sobre si debemos poner primero a nuestro trabajo o a nuestra familia. Si nos tomamos una hora libre durante el día para encontrarnos con nuestro hijo en la escuela, recibimos un aplauso. Si nos tomamos un día, nos ponen como ejemplo. Y si escogemos quedarnos en el hogar, se escriben artículos en las revistas sobre nosotros. Estamos libres de las conjeturas sin fin, la culpa y el remordimiento que parece acompañar a tantas de las elecciones que hacen las mujeres.

No, el dolor y la presión del exceso de elecciones afecta más a las mujeres que a los hombres. Y puesto que nadie quiere volver a un mundo de menos elecciones, realmente tienes que aprender la destreza de tomar decisiones sin temor, culpa ni remordimiento. Tienes que aprender a usar la toma de decisiones de manera que te fortalezca.

Sobre los hombres

Sí, los hombres también son una condición crónica. No van a desaparecer, así que vas a tener que aprender a vivir con ellos.

¿Qué es exactamente lo que hacen los hombres para que tengas una vida con más ansiedad y llena de tensiones? Bueno, algunos hombres no hacen nada. Algunos solo producen felicidad, son una fuente constante de fuerza y satisfacción, apoyo emocional; están en perfecta armonía contigo y con tus necesidades de cambio (bueno, tal vez es un poco de exageración) y aquellos que te producen estrés; llámale esposo, jefe, amigo o colega, tienen su forma especial de hacerlo.

Sin embargo, habiendo dicho esto, hay algunas cosas, en términos generales, que los hombres hacen que puede hacer la vida de las mujeres más difícil de lo que debería ser.

La crisis de los cuarenta

Existe la famosa crisis de los cuarenta, y se ve más a menudo en los hombres que quieren automóviles más veloces, pasatiempos que produzcan más euforia, y esposas más jóvenes. En mi encuesta no oficial a algunas mujeres a quienes les mostré el gráfico de U.S. General Social Survey —que muestra que a medida que envejecemos, las mujeres se vuelven más tristes y los hombres más felices— la explicación que sobrepasó y por mucho a las demás fue que, en nuestra sociedad, un hombre divorciado de cuarenta y ocho años está en una posición de mucho más poder que una mujer divorciada de la misma edad. Se supone que los hombres de cuarenta y ocho años están llegando a lo mejor de su vida, en lo financiero y social, mientras que las mujeres de cuarenta y ocho años supuestamente se están volviendo menos relevantes.

En realidad, esta crisis es bastante difícil de precisar exactamente en los datos. Por ejemplo, las edades de los primeros y segundos matrimonios son prácticamente las mismas para los hombres que para las mujeres: el primer matrimonio de un hombre es a los veintisiete años de edad, como promedio; el de las mujeres a los veinticinco. Los hombres tienen treinta y cuatro años cuando se casan por segunda vez; las mujeres tienen treinta y dos.[5] Sin embargo, en incidentes repetidos, esto se escucha con mucha frecuencia. Tu experiencia puede hacer eco con estos incidentes o los puede rechazar —espero que sea lo segundo. Pero lo que es más importante, es que admitas el hecho de que no puedes controlar lo que hacen o no hacen los hombres para exteriorizar sus vulnerabilidades. Todo lo que puedes hacer es tomar control de tu propia vida y conocerte a ti misma lo suficientemente bien como para fortalecerte a raíz de las circunstancias que la vida te presenta.

Quehaceres en el hogar

Los quehaceres en el hogar, o el «segundo turno», como lo llaman algunas mujeres, es otra fuente de estrés. En forma más específica, es algo que las mujeres hacen y los hombres no.

Según las estadísticas, eso no es totalmente cierto. No es que los hombres no ayuden con las tareas del hogar. Es que no hacemos tanto como hacen ustedes. En una semana típica, 52% de las mujeres hacen alguna clase de tareas en el hogar; solo 20% de los hombres las hacen. Cuando se trata de cocinar, 64% de las mujeres hace algo de utilidad en la cocina, comparado con solo un 37% de los hombres. Y en lo que se relaciona con el cuidado de los hijos, las mujeres pasan, en promedio, 1.2 horas jugando, vistiendo, bañando, cambiando o haciendo las tareas escolares con los hijos, mientras que los hombres solo logran menos de media hora haciendo eso, es decir 0.4 de hora.[6]

No importa de la forma en que se presente, esta es una división injusta del trabajo. No es justo que las mujeres lleven tanto de la carga, y no tiene que ser así puesto que no hay nada en el ADN de los hombres que diga que no podemos hacer nuestra parte en el trabajo del hogar. Afortunadamente, parece que esto está cambiando. En los últimos cuarenta años los hombres hemos triplicado el número de horas que les dedicamos a los hijos[7] y duplicado la cantidad de tareas que hacemos en el hogar.[8] Esto todavía nos deja haciendo mucho menos que tú, pero como un estadista calificado, tengo que decirte que la línea que indica la tendencia es buena. (Entre 1975 y hoy día, las horas que las mujeres trabajan en sus hogares bajaron de veintiuna a diecisiete por semana, mientras que las de los hombres subieron de seis a trece.[9])

¿Cómo puedes acelerar esta tendencia? Bueno, eso depende de lo bien que tú y tu esposo se comuniquen sobre quién debe hacer qué, con qué frecuencia y cuán eficientemente. Esta conversación deberá enfocarse en tus puntos fuertes o fortalezas, y vamos a tratar de eso directamente en el capítulo 11. Pero la otra cosa que puedes hacer es continuar trabajando. Esta investigación es bastante clara en este punto: cuanto más tiempo ha trabajado una mujer fuera del hogar —tomando en cuenta el número de años que has trabajado, no el número de horas que trabajas por semana—, tanto más tareas en el hogar, preparación de comidas y cuidado de los hijos hace el hombre.[10] Toma tu carrera con seriedad, y con el transcurso del tiempo, parece que él también lo hará.

El lugar donde trabajan

¿Y qué de los hombres en sus trabajos? Bueno, aquí tenemos una situación de malas noticias, buenas noticias, malas noticias. La mala noticia es que el mundo del trabajo sigue siendo un mundo mayormente construido por los hombres y para los hombres. Es, sobre todas las cosas, un mundo lineal. Trabajas, avanzas en el trabajo, trabajas más y avanzas aun más. Pero esta trayectoria lineal no funciona tan bien para las mujeres. Ya sea que quieras hijos o no —y con más de ochenta y dos millones de madres en Estados Unidos,[11] la mayoría de las mujeres quieren hijos— no se puede negar el hecho de que llega un tiempo en que la fertilidad cesa. Esa es todavía otra decisión que debes tomar, una elección que impacta qué carreras sigues y qué cargos estás dispuesta a tomar.

Hace poco me reuní con una amiga muy inteligente que estudió para ser abogada. Como Sara estaba entre lo mejor de lo mejor, la contrató una de las firmas de abogados más prestigiosas de la ciudad de Nueva York, una firma enorme que emplea a más de dos mil abogados. Sara fue contratada en un año famoso para esta firma pues era la primera vez en la historia de la compañía que más de cincuenta por ciento de sus 186 asociados durante el verano eran mujeres. Esto sucedió en el año 1995. Siete años más tarde, no solo Sara dejó su trabajo, sino que también habían renunciado todas las mujeres a las que habían contratado, con excepción de dos de ellas. Ninguna de las mujeres que comenzó con ella en la firma había durado en el lugar, y tampoco ninguna había obtenido la posición de abogada asociada. Según Sara, esto no fue debido a que la firma estaba discriminando abiertamente en contra de las mujeres. Fue, más bien, que cada una de las mujeres en forma individual, había decidido, a alguna altura del camino, que no estaba dispuesta a dedicarse al trabajo en la forma exclusiva que se requería para llegar a ser abogada asociada.

Este es claramente un ejemplo extremo, pero es revelador. Las mujeres pueden darle mucho valor a su identidad laboral, pero se difiere mucho de colocar al trabajo en el centro de sus vidas. Cuando una promoción depende de poder trabajar horas extra, en la buena voluntad de estar siempre disponibles, o en una decisión de enfocarse en el trabajo excluyendo todo lo demás, muchas mujeres escogen una opción que las capacita para perseguir otras metas y otros papeles que tienen significado. Se bajan de la escalera del éxito de los hombres.

La buena noticia es que esto detiene a las mujeres de volver al trabajo después de tener hijos, a pesar de las historias en los medios de comunicación sobre una nueva generación de mujeres que escogen no seguir trabajando. Hoy en día, cuando las mujeres dejan el trabajo para tener hijos, regresan con rapidez y en grandes números. De hecho, en solo una generación ha habido una oscilación tremenda. En 1960, el 14% de las madres ya estaba de regreso al trabajo después de seis meses de tener un hijo. Ahora, el 55% regresa al trabajo en menos de seis meses, y el 83% después de un año.[12]

Y, todavía en la columna de las buenas noticias... hoy día muchas compañías invierten bastante tiempo y energía tratando de incorporar los ritmos y los horarios que las mujeres quieren en sus trabajos. Guarderías infantiles en los lugares de trabajo, trabajar desde el propio hogar, opciones flexibles de trabajo, licencias pagas, y aun una nueva estructura organizacional en la que para ascender a veces haces cambios laterales en lugar de hacia arriba (que es lo opuesto de la escalera del éxito) han llegado a ser muy comunes en los últimos veinte años, y es muy probable que estas opciones se vuelvan aun más populares a medida que las compañías luchan para reclutar y retener a las mujeres más talentosas.

Sin embargo, firmemente ubicado en la columna de las malas noticias se encuentra el descubrimiento de que la mayoría de estos programas no te hace más feliz. En realidad, una gran cantidad de estudios que examinan el vínculo que existe entre la felicidad diaria de una mujer y el beneficio de licencias con paga, trabajar desde el hogar, y opciones flexibles de trabajo revelan información que es bastante desconcertante: la disponibilidad de licencias con paga no tiene correlación alguna con la felicidad diaria, mientras que trabajar desde el hogar y las opciones flexibles de horario de trabajo, tienen una correlación *negativa* en tu felicidad diaria.[13] Para decirlo con más claridad, esto quiere decir que si trabajas desde tu hogar o aprovechas un horario de trabajo flexible para poder llevar a tus hijos a la escuela, digamos, o para que puedas recogerlos de la escuela, tienes posibilidad de ser *menos* feliz que una mujer que trabaja al lado tuyo en la misma organización que no aprovecha esos beneficios.

¿Por qué es así? Hay varias razones posibles. Tal vez las mujeres que trabajan desde su hogar tienen dificultad en separar la vida laboral de la vida hogareña, y puesto que no tiene tiempos de descanso fijos, terminan mezclando las dos cosas y no derivan satisfacción de ninguna. Tal vez las mujeres que aprovechan las licencias con paga lo hacen debido a eventos especiales que inherentemente producen estrés en su vida, tales como tener un bebé o cuidar a un pariente enfermo. Quizás las mujeres que aprovechan las opciones flexibles de trabajo lo hacen sabiendo que están caminando por el pasillo menos prestigioso de las «mamás», lo que en la escala del poder corporativo realmente significa «solo para las mujeres».

Independientemente de las explicaciones, estas conclusiones *no* implican que las licencias con paga o trabajar desde el hogar o los horarios flexibles sean perjudiciales para tu felicidad. No lo son. Si se usan de forma apropiada, en las circunstancias correctas, y dentro de una cultura empresarial que las apoya, en lugar de marginar a aquellas que aprovechan estas ventajas, estos variados programas realmente te pueden ayudar.

Sin embargo, lo que *sí* implican es que no debes mirar a estos programas como tu «curalotodo». El hecho de que tu compañía ofrezca estos beneficios o el que realmente los uses tiene un efecto mensurable que indique cuán realizada te sientes en la vida. Estos programas, por sí mismos, no te harán feliz. No te garantizarán una vida plena. Eso es algo que tendrás que hacerlo por ti misma.

No se trata de las horas de trabajo

Para resumir, en los últimos cuarenta años se han añadido muchas más elecciones y muchas más responsabilidades a tu vida, pero muy pocas de las antiguas han desaparecido. Se supone que ahora seas una hermosa y adorable esposa, una agresiva mujer de carrera profesional, una madre fantástica y una administradora súper competente; o, si no todo lo anterior todo el tiempo, entonces por lo menos se supone que puedas escoger entre esos papeles y balancear los que has escogido.

Y si tuvieras éxito haciendo todo esto, ¿cómo se vería el éxito? Se vería como una versión híbrida de Marta Stewart y Michelle Obama y Katie Couric y Meg Whitman y Angelina Jolie y Danica Patrick, todas combinadas en algo que no se puede lograr.

Sí, ha ocurrido un pequeño alivio para tu carga, tal vez hagas menos tareas hogareñas de las que hacías y tu esposo quizá te ayude más con los hijos, pero la responsabilidad final de manejar la casa y los horarios de los hijos todavía cae sobre tus hombros. Te debes sentir como que trabajas todas las horas que Dios te da.

Y sin embargo, contrario a lo que la intuición o el sentido común podrían indicar, las mujeres de hoy día no están trabajando más horas de lo que solían trabajar. Tampoco están trabajando más horas que los hombres. Bueno, para ser justos, tal vez sí en *tu* hogar. Pero en un estudio muy abarcador que incluyó a veinticinco países, desde Estados Unidos a Francia a Eslovenia y a Madagascar, se les pidió a los hombres y a las mujeres que llevaran un registro de lo que hacían durante varios momentos del día, y luego así calcularon las horas que llevaba cada actividad. El resultado: en los países desarrollados, el promedio para los hombres era 5.2 horas de trabajo pago por día y 2.7 horas por día de tareas en el hogar, para un total de 7.9 horas por día. El promedio para las mujeres era de 3.4 de trabajo pago y 4.5 horas de tareas en el hogar, para un total de 7.9 por día. Estas estadísticas fueron idénticas en prácticamente todos los países desarrollados que participaron en el estudio. Los hombres y las mujeres trabajan el mismo número de horas por día.[14]

Es solo en los países en vías de desarrollo tales como África del Sur o Benín, en los que las mujeres tienen menos elecciones y mayormente son excluidas de trabajos fuera del hogar, que ellas en realidad trabajan más horas por día que los hombres.

Lo que este estudio sugiere es que, aunque bien es cierto que las mujeres están más estresadas y ansiosas que los hombres ya que tienen que desempeñar más roles y han adquirido más responsabilidad durante los últimos cuarenta años, esta infelicidad progresiva no es causada por trabajar más horas.

En cambio, piensa en esto de esta forma: el desafío de todos los diferentes papeles que desempeñas no es que no tienes suficientes horas en el día. El desafío de todos estos papeles es que, durante las horas que eliges trabajar, tienes demasiadas cosas que están sucediendo al mismo tiempo como para enfocarte apropiadamente en cada una de ellas. No es que estés estirando demasiado el tiempo, lo que estás estirando es tu atención.

El mito de realizar varias cosas a la vez

Tal vez digas: «Soy muy buena haciendo varias cosas a la misma vez. Puedo prestar atención a varias cosas a la vez sin problema alguno». Quizás hasta digas que esta es una fortaleza que solo tienen las mujeres, un desarrollo evolutivo que te ayudó a alejar a aquellos tigres de dientes largos mientras les estabas dando de comer a tus hijos. «Puedo hornear un pastel, terminar el informe de fin de año y lavar siete lavadoras de ropa mientras hablo con mi mejor amiga todo el tiempo que quiero».

Es posible que pienses que lo puedes hacer, y francamente, tal vez tengas razón. Unos pocos de nosotros tenemos una capacidad poderosa y singular para la «atención dividida», para darle el nombre apropiado a esto de hacer varias cosas a la vez. Pero la investigación en este asunto a la vez ha mostrado que si realmente te destacas por hacer dos cosas a la misma vez sin bajar la calidad o sin registrar un aumento en estrés, te encuentras en la minoría.

El cerebro humano en realidad no ha sido diseñado para realizar varias cosas a la vez. Puedes arreglártelas para hacer varias cosas a la vez, pero no las puedes hacer bien. Físicamente, el cerebro no puede procesar más de un conjunto de instrucciones por vez, así que mientras estás haciendo malabarismos con todas esas acciones a la vez, tu cerebro está luchando para poder abarcarlo todo. A través de una variedad de experimentos que miden la actividad cerebral, los científicos han descubierto que ir constantemente de una actividad a otra produce energía en partes del cerebro que se especializan en el proceso visual y la coordinación física, mientras que simultáneamente trastornan las regiones del cerebro relacionadas a la memoria y al aprendizaje. De acuerdo a la investigación, «estamos usando nuestra energía mental para concentrarnos en la concentración, a expensas de lo que sea que se supone que nos estemos concentrando».[15] ¿Lo entendiste?

Para decirlo de manera más simple: cuando estamos haciendo varias cosas a la vez, somos más tontos. ¿Cuánto más tontos? Un estudio reciente que se realizó para la compañía Hewlett Packard explorando el impacto de realizar varias cosas a la vez en el rendimiento, reveló que el nivel funcional de inteligencia de una persona baja diez puntos cuando hace varias cosas a la vez, más del doble de los cuatro puntos que baja cuando alguien fuma marihuana. (La analogía que usaron los investigadores es que una baja de diez puntos en el cociente de inteligencia es equivalente a perder una noche de sueño.)[16]

Esto es una ironía obvia. Estás tratando de hacer más cosas en menos tiempo pero, en realidad, hacer varias cosas a la vez en realidad te hace trabajar más despacio.

También te aumenta el estrés. Muchos estudios han confirmado que hacer varias cosas a la vez aumenta el nivel de hormonas tales como la cortisona y la adrenalina, y te desgasta físicamente, haciendo que envejezcas en forma prematura. La cortisona también ha sido asociada a un aumento en la grasa en el abdomen. Así que, a corto plazo, la confusión y la fatiga simplemente perjudican la habilidad de que pienses claramente, pero a largo plazo, los efectos pueden ser mucho más perjudiciales.

Si la solución que has adoptado para poder llevar a cabo la variedad de roles que desempeñas es hacer varias cosas a la vez, estás perjudicando a todas las personas en tu vida, y tú eres la más perjudicada.

Sabemos que, para las mujeres, la satisfacción general con la vida tiende a disminuir con el paso del tiempo. Sabemos también que hacer varias cosas a la vez no es la mejor manera de cambiar esta tendencia. Tampoco lo es organizar mejor el tiempo. Ni trabajar más. Ni participar en programas corporativos. Tampoco lo es volver el reloj hacia atrás a un tiempo de menos elecciones y oportunidades.

Sabemos que la solución debe estar relacionada con la forma en que escoges prestar atención. Debe ser algo sobre lo que tienes que tener control. Debe ser algo que te ayude en todos los papeles que se requiere que desempeñes. Y debe ser algo que te fortalece, en lugar de debilitarte, a medida que envejeces.

¡Vamos a descubrirlo!

LECCIONES IMPORTANTES EN ESTE CAPÍTULO

- **Durante los pasados cuarenta años las mujeres han ganado más oportunidades y más responsabilidades.** Muy pocas, si alguna, se han resignado. Por consiguiente, tu mayor reto en la vida es hacer elecciones sabias.

- **Tener más alternativas no se correlaciona con más felicidad.** Tener más elecciones puede, de hecho, añadir a tus niveles de estrés y hacer que tu vida sea más difícil.

- **Las políticas y los programas creados para ajustarse a la necesidad de las mujeres de un horario más flexible no ha mostrado correlación alguna o ha tenido una correlación negativa con los niveles diarios de felicidad de las mujeres.**

- **En los países desarrollados, las mujeres y los hombres trabajan la misma cantidad de horas.** Los niveles de estrés en constante aumento en las mujeres parecen no ser provocados por la cantidad de horas trabajadas, sino más bien por la gran variedad de cosas que tienen que ocurrir dentro de esas horas. El estrés es causado por tratar de prestar atención a la misma vez a demasiadas y diferentes responsabilidades.

- **La habilidad de hacer muchas cosas a la misma vez sin afectar la calidad ni que aumente el estrés es extremadamente raro.** Y, donde sí existe, no hay más probabilidad que lo encuentres en las mujeres que en los hombres. (También es peligroso. Un estudio conducido por la National Highway Traffic Safety Administration (Administración nacional para la seguridad de las carreteras), revela que si hablas por teléfono mientras estás conduciendo —aun cuando no estés usando las manos— tienes cuatro veces más probabilidades de tener un accidente que si no lo haces. De hecho, la tasa de accidentes debido a conductores hablando por teléfono es la misma que la de conductores cuyo nivel de alcohol es .08 —legalmente ebrio.)

PARTE 2

APRENDE A VIVIR TU VIDA MÁS PLENA

SEÑALES DE VIDA

¿Cómo se siente en realidad una vida plena?

La vida engendra vida. La energía crea energía.
Nos enriquecemos espiritualmente cuando damos
de nosotros mismos.

—SARA BERNHARDT (1844–1923), actriz francesa

He entrevistado a miles de mujeres exitosas en los últimos veinte años, y lo más frustrante —desde la perspectiva de investigador— es que son muy distintas entre sí. Algunas tienen trabajos de tiempo completo y tienen a sus hijos en una guardería infantil. Otras son amas de casa. Otras solían ser solo amas de casa cuando sus hijos eran pequeños, pero ahora han vuelto con todo ímpetu al trabajo. Algunas han podido superar la sutil discriminación que existe en el trabajo y ahora dirigen organizaciones completas, mientras que otras se sienten contentas con ver su trabajo como algo secundario. Algunas son felices ascendiendo la escalera corporativa, mientras que otras hace mucho que se han bajado de la escalera y encontraron realización dirigiendo sus propios negocios o dedicándose a trabajo benéfico.

Anna Carson vive una vida plena. Es la esposa de David, la madre de Ben y Charlotte, la administradora del equipo de béisbol de Ben, y, al mismo tiempo, es una reconocida agente en Hollywood, un «pez gordo» en uno de los negocios con menos escrúpulos que puedan existir.

Wendy Stafford vive una vida plena. Con tres hijos todavía en el hogar y un esposo que trabaja, ella es directora de una escuela en Memphis, Tennessee. Al leer los cientos de entradas de maestras desdichadas en el foro de Oprah.com, te perdonarían si hubieras pensado que enseñar y sentir satisfacción en la vida son dos cosas opuestas, pero no para Wendy. Ella es una fuerza dinámica de cambio en su escuela, que se desborda en entusiasmo ante los desafíos de dirigir un equipo de doscientos maestros, cuidar de un cuerpo estudiantil diverso y asegurándose de que su escuela alcanza todos los parámetros ordenados por el programa Que Ningún Niño Se Quede Atrás.

Gina Light vive una vida plena. Es vicepresidenta de mercadeo para una de las compañías productoras de juguetes más grande del mundo. Gina tiene tres hijos, el mayor tiene diecisiete años; su esposo trabaja setenta horas a la semana en la industria de restaurantes, y ella viaja dos veces por semana desde el oeste de Estados Unidos hasta las oficinas de su compañía en Rhode Island. Su horario agotaría a la mayoría de nosotros, pero cuando hablas con ella, sus ojos muestran vida y entusiasmo. Es evidente que le gusta su vida familiar y su trabajo en dos extremos del país.

Candace Nelson vive una vida plena. Después de dejar su trabajo hace algunos años tras la ruina de la industria «punto-com», ella y su esposo, Charles, decidieron abrir una repostería en la que solo se venden *cupcakes* (bizcochos individuales). Era una aventura riesgosa. ¿*Cupcakes*? ¿En estos tiempos en que la gente ha tomado tanta consciencia de la salud? ¡Jamás funcionará! Sin embargo, hoy día ya tiene cinco tiendas; la gente hace cola en la calle para probar su especialidad, que es el sabor «terciopelo rojo»; y ella se siente feliz de que el nuevo miembro de la familia, su hijo Charlie, de veintiún meses, puede ver a su mamá haciendo lo que le encanta hacer.

Maggie Mosely vive una vida plena. La conocí en el programa de Oprah. Ella trabajaba en una compañía empacadora y no era feliz en esta industria dominada por los hombres porque no podía obtener el ascenso que pensaba que merecía. Después del programa, se dio cuenta de que no era la industria en sí, sino su compañía. Así que después de diecisiete años con la compañía, dejó su trabajo, actualizó su currículum vitae y buscó una organización que la valorara por su desempeño. Enseguida recibió cuatro ofertas de trabajo, aceptó una, y, cuando hablé con ella hace poco, había recibido un bono considerable por haber cerrado un contrato de empaque para la compañía L'Oreal.

Podría seguir mencionando ejemplos, y estoy seguro de que tú podrías añadir otros tantos de tu propio círculo de amistades. Y si lo hicieras, y te fijaras detenidamente, de inmediato verías que una vida plena no es necesariamente una vida llena de posesiones materiales, ni una vida enfocada en la carrera, ni una vida en la que te quedas en tu hogar, ni una vida de casada. No se puede definir por un trabajo en particular, profesión, nivel de ingresos o el número de horas que trabajas. No se puede definir por nada de esto porque una «vida plena» no es lo que haces. Es lo que sientes.

Y cuando examinas lo que siente cada una de estas mujeres, de pronto todas se ven igual. No es que todas vivan beatíficamente felices, pues como mencioné antes, algunas investigaciones sugieren que las personas que dicen estar entre ocho y nueve en la escala de la felicidad realmente son más efectivas y se sienten más realizadas que aquellos que se ubican en un diez. Una vida plena no es una vida de absoluta satisfacción.

No obstante, mira detenidamente y vas a descubrir que todas comparten cuatro emociones en común.

Éxito

Una mujer que vive plenamente se siente exitosa. Y por «éxito» no quiero decir que recibe premios, distinciones y enormes bonos —aunque podría recibirlos. Quiero decir que se siente eficaz y competente. Siente que muchas de las actividades que ocupan su semana son cosas que puede realizar bien y que son oportunidades para expresar sus fortalezas. Esto tiene una importancia enorme porque cada uno de nosotros ha sido bendecido con fortalezas singulares, y esas fortalezas demandan ser expresadas. Una vida plena debe proporcionarte maneras de expresión continua y afirmaciones para esas fortalezas —pues si no existen, comenzarás a sentir que pierdes el sentido de quién eres realmente y de lo que eres capaz de hacer.

Mantener este sentimiento de tener éxito es difícil para una mujer si deja el mundo laboral para ser madre de tiempo completo. Aunque este nuevo papel tal vez concuerde con sus valores, hay tres razones por las que es difícil que una madre se sienta exitosa:

1. Las madres a menudo ocultan sus imperfecciones («Ah, ¿no me digas? No, para nosotros ese no es un problema.

Acostamos a los niños todas las noches a las seis y media en punto»), y tienden a exagerar las virtudes de sus hijos («Ah, sí, él duerme toda la noche desde que tenía seis semanas»).

2. Existen muchos puntos estratégicos desde los que se puede juzgar tu éxito como madre. Tus hijos, tu madre y tus amigas piensan que eres fantástica, pero no es lo que piensa tu esposo; tu esposo, tus hijos y tu madre piensan que eres una súper mamá, pero no es lo que piensan tus amigas; tus amigas, tu madre y esposo son felices, pero no puedes «descifrar» a tus hijos; y la lista no tiene fin, pues tienes muchísimas posibles combinaciones. Con todos estos puntos de vista conflictivos, no es de extrañar que las madres luchen para saber con certeza sin en verdad son exitosas.

3. Mientras que es posible que tu rol en el trabajo te dé la oportunidad de expresar tu combinación particular de fortalezas, tal vez no sea así con tu papel de madre.

Anticipación instintiva hacia el futuro

Una mujer que vive una vida plena, en forma instintiva, mira con anticipación hacia el futuro. No quiero decir que todas las mañanas saltas de la cama lista para la lucha. Esto es físicamente imposible cuando has estado hasta la una de la madrugada organizando las fotos de fútbol de tu hija, y luego ella te despierta a las 4 a.m. quejándose de dolor de estómago, y lo mismo sucede la noche siguiente. Lo que quiero decir es que ella anticipa en forma positiva el día siguiente.

Siente esperanza, ánimo, y aun gozo cuando piensa en el futuro cercano. Es un sentimiento profundo de que está en el camino correcto y que disfruta la trayectoria, a pesar de los contratiempos.

Crecimiento y aprendizaje

Una mujer que vive una vida plena siente que todavía está aprendiendo y creciendo, sin importar su edad. Tal vez esté tomando algunas clases en el trabajo o en el hogar, o tal vez está aprendiendo algo mientras trabaja, pero sin importar de dónde viene el crecimiento, ella informa que está mejorando en algo. Y acompañando este sentimiento de crecimiento existe una sensación de estar enfocada, la habilidad de concentrarse. El tiempo, dice ella, parece ir cada vez más rápido, y muchas veces durante el transcurso de una semana ella pensará que han pasado cinco minutos para descubrir que ha transcurrido una hora.

Los psicólogos llaman «fluidez» a este sentimiento. Es una de las indicaciones más importantes de que vives una vida plena.

En contraste, cuando el momento presente parece que no acaba nunca, cuando cada momento parece irrevocablemente separado del siguiente, cuando el sentimiento predominante es de estancamiento o distracción, cuando tú y tu vida son monótonas, los psicólogos tienen un término para esto lo llaman «depresión».

Necesidades satisfechas

Una mujer fuerte siente que sus necesidades son satisfechas. Tal vez a veces se sienta cansada —y con todos los papeles que se espera que las mujeres desempeñen hoy día, ¿quién no?—, pero no se siente abrumada y vacía. En realidad, siente lo opuesto a estar vacía. Se siente satisfecha. Sus propósitos y necesidades han sido realizados, siente que está haciendo lo que se supone que esté haciendo, aunque sea en forma imperfecta. Sus necesidades relacionales son satisfechas: tiene un esposo que la ama, un jefe que la apoya, un grupo de amigas que se preocupan por ella. Y sus necesidades de ser reconocida también están satisfechas, pues alguien dentro de su círculo de personas cercanas está celebrando sus éxitos y apoyando sus fortalezas.

Señales de una vida plena

Para repasar, estas son las señales de una vida plena:

- Éxito
- Anticipación instintiva hacia el futuro
- Crecimiento y aprendizaje
- Necesidades satisfechas

Todo lo que hablaremos en este libro está dirigido a ayudarte a experimentar estos cuatro sentimientos.

LECCIONES IMPORTANTES EN ESTE CAPÍTULO

- **Una mujer que vive una vida plena no es feliz el cien por ciento del tiempo.**

- **Una vida plena no es lo que haces, es cómo te sientes.**

- **Las mujeres que viven vidas plenas no toman las mismas decisiones en la vida, pero, al fin al cabo, comparten los mismos cuatro sentimientos.**

- **Se sienten exitosas, tienen una anticipación instintiva, una sensación de que están aprendiendo y creciendo, y de que sus necesidades más importantes han sido satisfechas.**

- **Para medir qué tan fuertemente una persona siente estas emociones, nos hemos basado en cinco preguntas.** Las hemos planteado a decenas de miles de mujeres (y hombres) en Estados Unidos, el Reino Unido, Canadá, China, Japón e India. En el futuro ampliaremos nuestra investigación para incluir más países.

  - ¿Con qué frecuencia sientes un momento de fuerte emoción positiva en tu vida?

  - ¿Con qué frecuencia te encuentras anticipando tu día de forma positiva?

  - ¿Con qué frecuencia te involucras en lo que estás haciendo de tal forma que pierdes todo sentido de tiempo?

  - ¿Con qué frecuencia te sientes vigorizada al final de un día largo y ocupado?

- ¿Con qué frecuencia tienes la oportunidad de hacer cosas que realmente te gustan?
- **Para evaluar qué tan fuerte es tu vida en este momento, puedes plantearte estas preguntas.** Las mujeres más felices y exitosas pueden contestar con honestidad: «cada día» a por lo menos cuatro de las cinco preguntas.

CÓMO VIVIR UNA VIDA PLENA

¿Qué es en realidad una vida plena?

Todos vivimos en suspenso, de día a día,
de hora a hora; en otras palabras,
somos la heroína de nuestra propia historia.

—MARY MCCARTHY (1912—1989), escritora estadounidense

Sin importar lo fuerte que te sientas ahora, tal vez estés en tu «zona» de fortalezas o te sientas completamente perdida, tu desafío es simple: ¿cómo puedes diseñar tu vida para que semana tras semana te fortalezcas más? Ante un mundo que espera muchísimo de ti, pero que está ciego a lo que eres o a lo que en realidad necesitas, ¿cómo puedes ser fiel a ti misma? ¿Cómo puedes vivir la vida que se supone que vivas?

Mira a tu alrededor, probablemente ya lo has hecho, y encontrarás algunos consejos muy útiles, desde cómo organizar tu tiempo hasta cómo definir tus límites personales, incluyendo consejos espirituales acerca de edificar una vida de fe.

Aunque muchos de estos consejos son excelentes, he estado buscando algo diferente. ¿Qué, si hay algo, tienen en común las mujeres que son felices y exitosas? No quiere decir que todas hayan realizado las mismas elecciones en la vida, es claro que no lo han hecho, pero tal vez todas tengan un método similar de hacer sus elecciones, sin importar lo que estas sean.

¿Tienen todas ellas el mismo *enfoque*?

Yo creo que sí. Este enfoque explica no solo por qué hicieron esas elecciones, sino por qué esas elecciones tienen en sí fuerza y poder, en lugar de sentimiento de culpa y remordimiento. Este enfoque es una *práctica*, y no un lugar al que se llega; y al igual que con cualquier práctica, si dejas de practicarla, no conseguirás lo que quieres. Pero cuando perseveras, y aprendes a hacerlo bien, esta práctica para vivir intensamente te ayudará a tomar las elecciones correctas en prácticamente todos los aspectos y épocas de tu vida. Me doy cuenta de que esto es mucho que pedir de una sola práctica, pero continúa leyendo y verás que esta práctica para vivir una vida plena puede llegar a ser tu palanca principal: si tiras de ella, todo en tu vida va a funcionar mejor.

Puede beneficiar tanto a los hombres como a las mujeres, pero como en esencia, es una práctica que te muestra cómo *escoger*, y debido a que las mujeres tienen más elecciones que los hombres, beneficiará más a las mujeres.

En la próxima sección verás los detalles sobre esta práctica, y esperamos que aprendas a incorporarla a tu vida.

Para presentártela, te voy a pedir que te pongas el sombrero de investigadora por unos minutos. En lugar de pedirte sencillamente que tomes el Examen para una Vida Plena y de describirte en términos directos lo que implica esta práctica para vivir una vida plena, permíteme contarte la historia de dos mujeres. Si realmente quieres entender lo que hace falta para vivir una vida plena y feliz, vale la pena que las conozcas. Verás, en muchos aspectos las dos son parecidas: ambas nacieron y fueron criadas en la región central de Estados Unidos, ambas son graduadas de la universidad, ambas gozan de buena salud y tienen un amplio grupo de amistades, las dos son inteligentes, se expresan bien, son simpáticas, están casadas, y las dos tienen dos hijos, un niño y una niña. Pero cuando las conocimos, se sentían muy diferentes en lo que respecta a sus vidas.

Tal vez te acuerdes de Anna Carlson. Es la agente que trabaja en Hollywood. Cuando pienses en ella no te imagines una elegantísima mujer, con accesorios de la última moda y que anda al acecho del próximo contrato comercial. En cambio, imagínate a una pelirroja, de sonrisa siempre a flor de labios, de risa cordial, una mujer que no necesariamente hace que todas las cabezas giren cuando entra a una habitación, pero que revela sus fortalezas y confianza en sí misma en todas las reuniones subsiguientes. Es realmente competente y ella lo sabe. Sin embargo, no se pavonea con arrogancia. Su forma de ser es tan abierta, sincera y optimista, que te deja sintiendo que sería tu mejor amiga. Tú sabes que le confiarías tu carrera y mucho más. Y cuando hablas con ella y escuchas sus modestas historias sobre la maternidad y sobre el mundo de las películas, no lo puedes evitar, la pregunta cliché te salta en la mente: *¿Cómo puede hacer todo eso?*

Conocer a Carla te hace plantearte una pregunta muy diferente: *¿Qué puedo hacer para ayudarla?* Ella es unos cinco años mayor que Anna y de alguna manera ha entrado a una vida que no es para ella, una vida en la que siente una combinación tóxica de pánico, depresión, incompetencia, y al fin y al cabo, entumecimiento.

Ella explica: «Trabajo como gerente de oficina en la compañía de mi esposo. El sintió que yo era la única persona en quien realmente podía confiar, y además tendría la oportunidad de estar con mis hijos después que regresaran de la escuela, así que acepté el trabajo. Pero me está matando. Me siento muy desdichada porque sé que estoy desilusionando a la gente más importante en mi vida. Cuando hago un inventario personal, me doy cuenta de que cambié mi vida profesional por una vida personal mejor, y ahora esta última está sufriendo. Estoy en un callejón sin salida. Sé que debo dejar este trabajo, pero no sé como dejar mi compañía sin dejar mi matrimonio».

Puedes discutir teorías hasta el día del juicio final sobre lo que se necesita para vivir una vida plena, pero lo que te debes preguntar es: «¿Cuál es la diferencia entre las acciones de Anna y las de Carla?» Ambas comenzaron más o menos con las mismas oportunidades, y sin embargo, una tiene motivación y se siente realizada, mientras que la otra (al momento en que la conocí) siente repugnancia cuando piensa que mañana se tiene que levantar para ir a trabajar. ¿A qué se le puede atribuir esta diferencia?

Cuando miras a estas dos mujeres, podrías decir que el comodín que causó la diferencia en el juego de la vida fue la buena suerte, Anna la tuvo y Carla no, y podrías tener razón. Es verdad que la suerte jugó algún tipo de rol en cómo sus vidas se desarrollaron; como lo hizo, lo hace y lo hará en tu vida.

O podrías decir que una eligió la carrera «correcta» y que la otra no lo hizo. O que una escogió quedarse en la parte central de Estados Unidos mientras que la otra se mudó a Los Ángeles. O tal vez puedas encontrar alguna otra explicación, alguna otra variable. Y en cualquiera de estos casos, podrías tener razón.

Lo que te debo decir, sin embargo, es que he entrevistado a muchas mujeres que eran felices y exitosas, y a muchas que, al momento de conocerlas, no eran tan felices ni exitosas. De todas ellas, Anna y Carla son las que mejor representan las diferencias entre los dos grupos. Fíjate cuidadosamente en las elecciones que ambas hicieron y la forma en que las hicieron, y verás que Anna tomó un enfoque distinto en su vida, diferente al de Carla, y que este enfoque, más que ninguna otra variable, explica por qué hizo las elecciones que hizo y por qué estas elecciones la fortalecieron.

No se debe culpar a Carla por sus elecciones. Ella es una mujer con empuje y bien intencionada tratando de hacer lo mejor posible en un mundo que no la conoce. Tampoco estoy diciendo que Anna siguió este enfoque todo el tiempo. Como verás, hubo largos periodos de su vida cuando fue negligente en esto. Lo que estoy diciendo es que cada vez, y hubo muchas oportunidades, en que Anna necesitó hacer cambios en su vida, fue este enfoque, esta práctica la que la ayudó, y que cuando la vida de Carla tomó un sendero equivocado, fue un enfoque incorrecto lo que la llevó a equivocarse.

Carla

Carla siempre sintió pasión por el trabajo con adolescentes, especialmente los que estaban pasando apuros. Así que después de graduarse como profesora de inglés, trabajó para obtener su licencia como terapeuta especialista en recreación, es decir, alguien que usó las actividades al aire libre para rehabilitar a delincuentes sexuales jóvenes.

Con sus credenciales en la mano, se introdujo en el mundo de la rehabilitación recreacional. Y por un tiempo lo encontró muy gratificador. Sí, los muchachos la cansaban mentalmente, pero se sentía llena de energía ante la idea de que les estaba proporcionando apoyo y ayuda a los que la sociedad había marginado.

Sin embargo, había dos preguntas que la perturbaban. En primer lugar, no estaba ganando mucho dinero. Tenía una casa bonita, pero se encontraba en un barrio no muy bueno de la ciudad, la clase de barrio donde todo se ve bien superficialmente, pero no puedes dejar que tus hijos jueguen en el jardín de enfrente. A esta altura ella estaba criando a sus hijos sola, así que financieramente se sentía un poco ansiosa.

Además, algunos aspectos de la terapia recreacional la estaban perturbando. Uno de los muchachos con quien ella estaba trabajando, se suicidó, y otro había tratado de apuñearla con una lapicera. Había algunos días cuando su trabajo era demasiado intenso.

Ella estaba considerando sus opciones cuando conoció a Peter. Él era gerente de una pequeña organización que ofrecía asesoría para ingenieros en su ciudad, y en el instante en que se conocieron, supieron que su relación tenía el potencial de ser especial. A los dos les encantaban las actividades al aire libre, y les gustaba mucho la navegación a vela y acampar. Por lo general, los viernes de tarde, Peter le decía a Carla: «Vámonos a alguna parte», y en cuarenta y cinco minutos, sin que tuviera que mediar ni una sola palabra más entre ellos, empacaban todas las cosas y estaban listos para salir en un viaje de fin de semana. Ambos sabían lo raro que era encontrar a alguien con quien estar tan sincronizados.

A Peter le encantaba que Carla pensara en forma clara y sistemática. «Ven a trabajar conmigo», le dijo. «Ven a ayudarme a organizar el sistema de trabajo. Puedes organizar nuestros sistemas para que trabajen eficientemente. No tengo a nadie más a quien acudir, nadie en quien pueda confiar».

«Además», agregó él, «será una prueba definitiva para nuestra relación».

Ninguna presión en esto, pensó Carla. Pero, en realidad ella amaba a Peter, y se sintió intrigada por aquello de diseñar programas y sistemas —cuando no estaba navegando a vela o acampando, la podías encontrar en la librería Barnes and Noble revisando muchos libros en busca del tomo más reciente sobre integración de sistemas. (Sé que parece raro, pero confía en mí, para Carla no hay nada más agradable que un buen libro sobre la integración de sistemas para pasar el tiempo.) Claro que era un ambiente de oficina, y ella nunca había trabajo en un lugar así, pero le ofrecería más flexibilidad, y la oportunidad de pasar más tiempo con sus hijos, recogerlos a la salida de la escuela, y estar con ellos cuando están jugando en el jardín de enfrente de su casa. *Tal vez las cosas van a resultar con Peter,* pensó, *y nos vamos a mudar con él, dejando esta parte de la ciudad y todo va a ser fantástico.*

Al principio, todo salió de acuerdo a los planes de Carla. Ella y Peter se casaron un año más tarde, se mudaron a un lugar más seguro de la ciudad, y en el trabajo ella probó su valor rediseñando toda la dinámica de la oficina. Con su habilidad para obtener una perspectiva de treinta mil pies de largo sobre la operación de la compañía, ella pudo diseñar un sistema donde todos —los empleados, los clientes y hasta Peter— podían saber el estado de cualquier proyecto y, en forma automática, los clientes eran asignados a los empleados adecuados cuando llamaban con preguntas o preocupaciones.

Pero entonces Peter le pidió que trabajara con él y que manejara los sistemas que había ideado. Que fuera la gerenta de la oficina, que llevara los libros y pagara los impuestos, que manejara la facturación y el cobro de las facturas... que fuera su mano derecha.

Y en forma gradual las cosas comenzaron a desmoronarse.

Esta es la descripción de su vida cuando la conocí; «No me gusta reconciliar las cuentas bancarias; de hecho, vivo en constante temor de las responsabilidades financieras que han llegado a ser mías, y solo mías. Detesto la repetición de las tareas que hay que hacer a diario. No me gusta que me interrumpan con algún asunto de mi trabajo cuando estoy atendiendo otro asunto distinto. Tengo tendencia a hablar muy alto, voz de consejera de campamentos y de líder de terapia recreacional, y no tengo buena etiqueta telefónica, y cuando a todo esto se le agrega el hecho de que mi oficina está abierta a todos, y que estoy constantemente en el teléfono tratando asuntos financieros delicados o personales, lo que resulta es un ambiente espantoso en el trabajo. Me siento abrumada cada vez que recibo un comentario acerca de cómo se ve mi escritorio, sobre hablar demasiado alto y de no ser discreta con la información financiera, o de no lograr hacer más que las actividades cotidianas, y no hacer nada para hacer prosperar el negocio».

Ella hizo incontables planes para hablar con Peter acerca de su descontento cada vez mayor, pero no pudo encontrar las palabras adecuadas o la forma correcta de enfocar la conversación. Carla sabía que Peter no se sentía cómodo dejando que otra persona viera el estado financiero del negocio, y ella había tomado esta confianza con mucha seriedad. Y por supuesto que era capaz de reconciliar la libreta de cheques y de pagar las facturas. ¿Pero cómo podría abordar el tema? «Querido, te amo y sé que necesitas que haga esto, y sé, sin ninguna duda, lo abrumado que te encuentras, pero no me gusta pagar estas facturas. No me gusta mantener el escritorio organizado. Simplemente no me gusta abrir todos esos sobres».

Suena ridículo y hasta patético. Y ella no era «patética». Carla siempre se había considerado a sí misma como una persona positiva y segura de sí misma. Siempre había cuidado de su familia. No necesitaba ayuda ni dádivas de nadie. Era fuerte y podía arreglárselas sola y estar bien, ¡muchas gracias! Y no se iba a quejar a su esposo sobre cómo su trabajo la «hacía sentir deprimida», y mucho menos cuando lo veía trabajando tan duro a su lado. «Si cambio mi actitud», se dijo, «y miro las cosas con optimismo, me organizo un poco mejor, podré superar este tiempo de prueba y llegar al otro lado».

Y sin embargo hoy día, justo en este momento, ella sabe con toda la certeza del mundo que «no debería estar haciendo este trabajo».

Carla admite que ha tratado de dejar de lado esta certidumbre, desterrarla a un lugar pequeño y oscuro de su mente, y cubrirla con pensamientos felices y de agradecimiento. Pero ésta se rehúsa a permanecer oculta. Continúa empujando hasta que le llega a la primera fila en su mente e insiste: «No debería estar haciendo este trabajo. Tengo que salir de esta situación, debo hablar con Peter».

Pero no lo ha hecho. Ha estado postergando la conversación. Nunca había un momento adecuado ni una forma apropiada —en su percepción— para poder tocar el tema. Y entonces algo terrible sucedió: la mejor amiga de su hija se suicidó. Carla estaba devastada y quería estar segura que su hija y sus compañeros de clase enfrentaran esta tragedia de una manera apropiada y que no se estuvieran culpando. La muchacha había llamado a su hija la noche antes de suicidarse, pero su hija no le había devuelto la llamada. Cuando la llamó a la mañana siguiente su amiga ya estaba muerta. Carla pasó muchas horas durante la semana en la escuela, hablando con su hija y con sus amigas, aconsejándolas y ayudándolas a manejar el enojo y la confusión.

Hacer esto le resultó natural a Carla, pues, después de todo, ella era una terapeuta que ayudaba a adolescentes en problemas. ¿Qué otra cosa se suponía que hiciera ahora que su hija y sus compañeros de clase estaban sufriendo? Pero esto significó que *su* vida y la conversación con Peter pasaron a un lugar aun más abajo en su lista de cosas pendiente. Y poco a poco iba bajando más y más. Pasaron meses en los que sus pequeños ataques de pánico aumentaban hasta abrumarla completamente, luego bajaban hasta hacerla sentir insensible, y lentamente se iba sintiendo más y más vacía, hasta que un día se desmoronó. Paró y ya no pudo seguir. No pudo poner la llave en la cerradura de su automóvil y manejar a su trabajo.

Se internó en un hospital, y eso, por un tiempo, funcionó.

Carla es un ejemplo extremo, pero es probable que hayas visto a amigas que han estado en situaciones similares. No hacen nada malo, por lo menos no superficialmente. La mayoría de las veces tratan de hacer lo *correcto*: apoyar a su esposo, ganar más dinero y estar presente para sus hijos. Todas esas son buenas intenciones y eso era lo que impulsaba a Carla. Y, antes de que las cosas comenzaran a marchar mal, se hubiera requerido de alguien con mucha osadía para decirle que pasara por alto esas intenciones nobles y que hiciera algo diferente.

Sin embargo, ahora sabemos que Carla siguió todas esas buenas intenciones y que terminó viviendo lo opuesto a una vida plena: sin éxito, sin anticipación instintiva, sin crecimiento y con muy pocas necesidades satisfechas.

Tiene que haber existido una mejor manera, algo que ella pudiera haber hecho antes de comenzar su jornada por el camino equivocado. Y si no, de seguro que podría haber hecho algo para detener la desazón y resucitar su vida.

¿Qué le hubieras dicho? ¿Simplemente ten valor y habla con tu esposo? Es fácil decirlo pero difícil de hacer cuando esa conversación está llena de otras emociones conflictivas, tales como: «Tengo que apoyar a mi esposo» o «Tengo que hacer lo correcto para mis hijos». Lo que ella necesitaba era una manera de llevar a cabo sus obligaciones como esposa y madre, y al mismo tiempo, vivir de acuerdo a sus fortalezas y pasiones. Necesitaba un nuevo enfoque sobre su forma de ver la vida y hacer elecciones. Ella necesitaba una nueva práctica.

Anna

La vida de Anna y las elecciones que hizo nos ofrecen claves que hubieran ayudado a Carla. Mientras lees su historia, no te imagines que Anna tuvo una vida perfecta, de cuentos de hadas, una vida que tú o Carla o alguien más debería copiar. Como dije antes, ha sido una vida normal y corriente, con comienzos confusos, largos periodos de «¿qué estoy haciendo con mi vida?», y el ocasional «Ay no, ¿qué he hecho?» La lección de la vida de Anna no es que nunca se sintió confusa, débil o perdida; en cambio, la lección se encuentra en la forma en que ella realizó las elecciones cuando estos sentimientos la sobrecogían. Sus intenciones eran tan nobles como las de Carla, pero su enfoque fue diferente, y por lo tanto sus elecciones fueron diferentes, y así su vida fue diferente.

Anna Carson no se crió a la sombra del letrero en la montaña que dice Hollywood, sino en una granja del estado de Iowa. Su padre era granjero y la dirección de su casa durante su niñez era la que te inventas cuando estás hablando de historias de granjeros: La granja Carson, Ruta Rural 1, Iowa City, Iowa.

Anna era la cuarta de seis hijos, la niña en el medio y su familia era muy unida. Así que cuando le llegó el momento de asistir a la universidad, ella escogió la Universidad de Iowa. Era como estar en casa.

Y le fue muy bien pues siempre había sido muy trabajadora. Se graduó con un diploma en administración de empresas, que usó para conseguir un trabajo como supervisora de distrito de una cadena prestigiosa de productos comestibles. Eso era lo que parecía correcto en aquel momento. Pudo comprarse un automóvil, tenía un sueldo fijo, un lugar donde vivir cerca de su familia y un futuro que ya se estaba proyectando bien.

Pero entonces sucedió algo, un acontecimiento que se convirtió en un catalizador crítico en la historia de Anna. Un día, ella vio en la cámara de televisión de la tienda a alguien que estaba robando. Anna llamó a la policía, pero como venía de una familia de seis hermanos y no tenía miedo de hacerse valer, ella decidió enfrentar al hombre sola. Ella lo confrontó, y cuando parecía que el hombre iba a admitir lo que estaba haciendo y entregarse, de pronto se dio vuelta y comenzó a correr por el pasillo hacia la puerta de salida. Sin pensarlo, Anna corrió detrás de él y lo alcanzó —¿mencioné que ella es alta y tiene piernas largas?—, lo agarró del hombro, y el hombre se volvió, le dio un puño en la boca y escapó.

Llegó tambaleándose a su oficina, llamó de nuevo a la policía y trató de hablar. Lo único que le salía de la boca era sangre y palabras entre dientes, así que colgó el auricular y tomó un espejo de su cajón para ver el daño que tenía. No sentía mucho dolor (las heridas en la boca son así. No sientes mucho dolor hasta que el cirujano comienza a ponerte inyecciones de novocaína), pero pudo ver que los cuatro dientes del frente habían sido dañados. Y allí en su oficina, mientras esperaba que llegara la policía, sintiendo el daño con la lengua, se sorprendió pensando: *¿Qué rayos estoy haciendo en este trabajo, en esta tienda, en Iowa? ¿En verdad es esto lo que quiero hacer con mi vida? ¿Ser una supervisora de una cadena de productos comestibles a ocho kilómetros del lugar donde me crié?*

Anna amaba a su familia. Su madre, a pesar de haber perdido a su propia madre y a su padre cuando tenía nueve años de edad, era una persona optimista y entusiasta, una constante influencia positiva en la vida de Anna. Su padre era granjero, una persona cautelosa, consciente de que el viento y el tiempo van a cambiar. En el mundo de él, plantas las semillas y esperas que crezcan. Eso es lo que él pensaba que haría Anna: permanecer con las semillas que ella había plantado, edificar su reputación y asegurarse el futuro.

¿Y qué fue lo que ella hizo? Lo siento, Mamá y Papá, Anna escuchó a su instinto y siguió a su novio a Washington D.C., donde él estaba estudiando para su maestría en la Universidad George Washington.

Cuando llegó allí, ella buscó trabajo. Todavía no estaba segura de lo que quería hacer con su vida, pero eso no le impidió conseguir un trabajo. Eso era algo en lo que Anna siempre había creído. Siempre buscas algo que hacer para avanzar, aun si sabes que no es lo que vas a continuar haciendo por el resto de tu vida.

Así que encontró el mejor trabajo temporal que pudo, trabajando para la Asociación de Papel y Plástico, y todo marchaba sobre ruedas. La ciudad de Washington era un lugar muy divertido para esos dos jóvenes llegados del estado de Iowa, cuando de pronto, su novio consiguió un trabajo como profesor asociado en Alemania.

¿Debería irse con él? Bueno, pensó, *¿por qué no? Todavía no he encontrado mi propósito en la vida y como me mudé a Washington D.C. por él, ¿por qué no mudarme con él a Alemania?* Así que lo hizo, y como antes, cuando llegó, buscó un trabajo. Esto fue más difícil de lo que había sido en Washington D.C. porque técnicamente, ella no debía trabajar, pero no se dejó desanimar y pronto encontró un trabajo enseñando inglés y ejercicio aeróbicos. Estaba ayudando a una amiga alemana a conseguir una visa para Estados Unidos, y básicamente abriéndose paso muy bien. Cuando de pronto, después de solo nueve meses, su novio anunció que Alemania no era para él, y que se deberían mudar de regreso a Estados Unidos. Él estaba pensando en Denver, Colorado, ¿qué pensaba ella?

Ella pensaba que debían darle a Alemania un poco más de tiempo, pero, obediente a su papel de novia, se tragó su opinión y salió lo más pronto posible hacia Denver. Donde, tan pronto llegaron, su novio decidió que ocho años juntos era suficiente. Y la relación terminó. Ella tenía veintinueve años, era soltera y no tenía ninguna meta. Habla con tus amigas o visita el foro de Oprah.com, y escucharás historias de miles de mujeres con el mismo dilema. Se mudaron de un lado para otro con su novio o esposo, y luego, después del rompimiento de la relación, se encuentran sin saber qué hacer. Esa otra persona les había dado dirección y propósito a su vida, así que no tuvieron que formularse a sí mismas demasiadas preguntas sobre cuáles eran *sus* fortalezas, lo que querían hacer con *su* vida, cuál era *su* destino. Pero ahora, con esa persona fuera de su vida, esas preguntas van en crescendo, hasta que no pueden pensar en ninguna otra cosa.

Esto fue lo que le sucedió a Anna. Ella se obligó a formularse todas esas preguntas del tipo «destino», «futuro» y «¿qué debo hacer con mi vida?»

Y luego un comienzo fallido. Después de haber cavilado buscando algo a que aferrarse y sin conseguirlo, se le presentó otro trabajo tentador, esta vez en el programa de televisión *COPS* (policías). Con mucha rapidez fue promovida al puesto de productora en el lugar de la filmación, pero casi de inmediato se dio cuenta de que había cometido un error. El trabajo tenía trampas superficiales de prestigio —después de todo era la televisión—, pero sus propósitos intrínsecos la molestaban mucho. Algunas personas reciben una corriente de energía filmando *reality shows* (programas realistas). Les encanta la crudeza y lo impredecible que son. Pero ese no fue el caso de Anna. Ella se vio a sí misma como una observadora de hechos sórdidos en la parte vulnerable de la ciudad de Denver, alguien que estaba sacando provecho del sufrimiento de otros. Cuando filmaba a alguien a quien estaban arrestando por conducir bajo los efectos del alcohol, él o ella *realmente* estaba siendo arrestado. Cuando filmaba a alguien que estaban llevando a la cárcel, *realmente* era lo que estaba ocurriendo. ¿Era aquí donde se suponía que se desarrollara su vida? ¿Era para esto que había estudiado para obtener un diploma, había desafiado el consejo de sus padres y había seguido a un hombre por todo el mundo? Su respuesta instintiva fue no, y con ninguna alternativa clara en su mente, renunció a su trabajo.

Y fue mientras estaba considerando su futuro, y esquivando las ansiosas preguntas de su madre...

«¿Estás segura de que quieres renunciar, querida? Es un buen trabajo».

«Sí, mamá, estoy segura».

«No te has podido asentar realmente desde que saliste de Iowa. Tal vez es hora de que regreses y puedas reflexionar sobre esto».

«No, Mamá. Estoy bien, créemelo».

...que Anna hizo un viaje de Año Nuevo para visitar a su hermana en Chicago. Y allí, a las dos de la madrugada, el día de Año Nuevo, conoció a David, el hombre que llegaría a ser su esposo. David era vendedor de artículos de imprenta en la compañía de su familia y estaba a punto de mudarse a Los Ángeles. Para cuando llegó la fecha de su partida, él y Anna tenían una relación seria y ambos estaban seguros que habían encontrado a su compañero de vida. Así que, con un sentimiento de *aquí voy otra vez*, Anna siguió a aquel hombre a una ciudad nueva donde no conocía a nadie, no tenía ningún contacto ni tampoco ninguna idea de lo que iba a hacer.

Estaba de regreso a sus preguntas sobre su destino, propósito, y «¿qué debo hacer con mi vida?» Sin tener otra cosa que hacer en el departamento que habían alquilado, ella indagó en su vida tratando de encontrar algo, alguna cosa que le pudiera dar una pista sobre cómo traer algo de perspectiva a su disposición de trabajar con ahínco. A lo único que pudo llegar era que era una recortadora de noticias empedernida. Era una «adicta confesa a la información». Recortaba artículos de cualquier publicación que estuviera leyendo (esto era antes de Internet) y los guardaba en carpetas para... bueno, ¿quién sabe para qué servirían? A ella sencillamente le gustaba tener información al alcance de sus dedos.

Sacó las carpetas de una de sus cajas de la mudanza (sus recortes habían viajado con ella desde Iowa hasta la ciudad de Washington, a Alemania y a Denver), y los clasificó. Y mientras los sacaba uno por uno, los releía y los separaba cuidadosamente, tuvo el recuerdo vívido de estar mirando una revista en la Universidad de Iowa, pasando otras revistas en el estante, y tomar una llamada *Hollywood Reporter* (Reportero de Hollywood). Y no solo una vez, sino a menudo. Por lo menos una vez por semana. Pensando en eso, recordó que no leía las primeras dos o tres páginas, las que tenían las historias sobre las estrellas más famosas del momento y sus hazañas. En cambio, iba a las páginas finales de la revista y leía sobre los detalles de los tratos que se hacían. ¿Cómo obtuvo tal película el dinero para la filmación? ¿Qué estudio compró tal libro para adaptarlo y hacer una película? ¿Quién la iba a dirigir? ¿Cuánto le pagarían?

Le pareció una locura que se hubiera olvidado de esto, pero con su vida de trotamundos y de los ajetreos para encontrar trabajo y de ir de un lugar a otro detrás de su novio, lo había olvidado. Ahora, mientras estaba allí, tranquilamente leyendo aquellos recortes, encontró uno acerca de la formación del Canal de televisión de Disney, y otro acerca de la filmación de *Los policías de Beverly Hills,* y todo le volvió con gran claridad. *¡Vaya!*, pensó. *Es interesante. En realidad me gusta aprender los detalles de los negocios de la industria cinematográfica.*

No sabía qué trabajo trataría de conseguir, pero por lo menos tenía algo auténtico en lo que basarse. Y aunque no tenía conexiones ni experiencia en esa industria, sí estaba en la ciudad indicada para comenzar a descubrir a lo que quería dedicarse.

Carla preguntó en algunas agencias de empleos y le dijeron: «Si quieres aprender los trucos de ese oficio, debes trabajar como ayudante de un agente de artistas. Tal vez lo vas a odiar, te van a hacer corretear como a una niñita de cuatro años, pero no hay forma mejor ni más rápida de obtener experiencia en la industria del entretenimiento».

Así que Anna pensó: *Listo, voy a tratar esto como si fuera una maestría en la industria del entretenimiento. Voy a trabajar arduamente durante tres años y luego consideraré mis opciones.* Ella sabía de una compañía que promovía el ascenso entre sus empleados, así que solicitó un trabajo de asistente y la contrataron para trabajar con un agente de libros.

«Casi desde el día que llegué supe que estaba en el lugar correcto», dice Anna. «Había un libro que mi jefe estaba tratando de comprar para un productor, y como su asistente, tuve la oportunidad de ver cómo se llevaba a cabo todo el negocio. Estuve en el centro de la acción mientras se negociaba con el autor del libro, contratamos a un escritor de guiones y cerrábamos el negocio con la compañía de producción. Todavía recuerdo tener en mi mano el cheque del autor por un millón de dólares. Pero lo que me emocionaba no era el dinero, era estar en el centro de la acción. Ser el eje. Me encantaba el hecho de saber más que ninguna otra persona sobre lo que estaba pasando».

Alimentada por esta pasión, su nuevo papel la consumía. Mientras que otros asistentes estaban en fiestas, manipulando y consiguiendo contactos, Anna se quedaba hasta tarde en su trabajo, recogiendo información, haciendo planes, creando maneras para que a la agencia le fuera mejor, escribiendo ideas y notas a la medianoche para su jefe. Mirando hacia atrás, ella se da cuenta de que tal vez era un poco fastidiosa, pero no lo podía evitar. Las ideas le llegaban con tanto ímpetu, que tenía que escribirlas y compartirlas con quiera que escuchara. *Finalmente*, pensó, *ha comenzado mi verdadera vida.*

Y entonces un contratiempo. Una de las ideas que ella le había presentado a su jefe era que la compañía necesitaba un coordinador para su departamento, alguien que recopilara toda la información relevante acerca de cada uno de los clientes de la agencia y luego la usara para ubicar al cliente con la persona correcta para el proyecto, sin importar en qué lugar estaba el cliente o el proyecto dentro de la agencia. Este puesto no existía dentro de la agencia, y en la opinión de Anna, eso significaba que se estaban perdiendo muchas oportunidades para que los clientes encontraran buenos negocios. Ella habló con un par de personas sobre esta idea y estaba esperando por el momento oportuno para hablar con su jefe, cuando anunciaron que a otro asistente, un amigo con el que había compartido su idea, le habían dado ese trabajo. Aparentemente, ese «amigo» había hecho una cita con sus superiores, les presentó la idea como propia y muy pronto le ofrecieron el puesto.

Anna estaba perpleja. Ella había confiado en aquella persona, le había hablado en confianza, y entonces él no solo le había robado la idea sino también el puesto. ¿Cómo podía haber sido tan ingenua? Tenía treinta años de edad. Debería haber sido más sagaz.

Carla se dio contra la pared. Caminó de arriba abajo en el departamento. Le gritó sus frustraciones a David y comenzó a fantasear sobre algunas maneras creativas para vengarse.

Y luego comenzó a pensar correctamente. Ella podría haber armado un escándalo y demandado una audiencia justa, pero al discutir esto con David, decidió tomar una táctica diferente. Había tres cosas de las que estaba segura: (1) la agencia necesitaba este tipo de coordinador no solo en su departamento, sino también en otros departamentos; (2) todavía ella era la persona mejor capacitada para esa clase de puesto de «persona adicta a la información» y (3) si continuaba hablando sobre esa posición y hacía que otros vieran lo útil que ella podía ser, a fin de cuentas, otras oportunidades se le presentarían.

Y acertó en las tres. Seis meses después de que le robaran el trabajo «perfecto» para ella, la agencia creó la misma posición para el departamento de talentos (piensa en estrellas de cine), y le ofrecieron el puesto.

«Todos en el departamento de talentos estaban aturdidos», recuerda ella con una sonrisa. «Pensaban "¿quién es esta asistente del departamento de libros y por qué consiguió este trabajo?" No se percataban de que llevaba seis meses o más sentando las bases para aquella posición».

Adelantemos la historia un año y medio, y encontramos a Anna destacándose en su rol de coordinadora. De hecho, estaba aprendiendo tanto y se sentía tan confiada que se permitió a sí misma comenzar a pensar en el momento en que la promoverían al importante papel de «agente de artistas».

Esa posición es la parte vital de la agencia. Todo depende de la habilidad del agente de hacer ambas tareas: conseguir clientes de calidad y luego encontrarle buenos trabajos a ese cliente. Y Anna estaba segura de que se destacaría en ese cargo. De hecho, en su opinión, ya estaba haciendo ese trabajo: ella había estudiado la complejidad de cada detalle que había pasado por sus manos, todo el mundo sabía que ella tenía un caudal de información al alcance de los dedos, y por lo tanto la buscaban tanto los clientes como los agentes. Y lo más importante, la gente confiaba en ella.

Así que le preguntó a su jefe cuándo la iban a promover. «Pronto», le dijo él.

Luego le preguntó de nuevo.

Y de nuevo. Y de nuevo. Siempre con mucha gentileza. Siempre con un ejemplo o dos acerca de la forma en que ella ya estaba haciendo ese trabajo.

«Pronto», le decían.

Y finalmente ella le dio un ultimátum a la agencia. Lo hizo con mucho profesionalismo, pero de todas formas fue un ultimátum: «Ya estoy haciendo el trabajo de un agente, pero no tengo el título. Me dan el título para el mes de junio o me voy a ser agente en otro lugar».

Haya sido por el cansancio tras la persistencia de ella o por sus obvias aptitudes, o por una combinación de ambas, cuando llegó el plazo de junio —y ni una semana antes— la promovieron a la posición de agente.

Esto ocurrió hace una década y durante todos estos años Anna se ha convertido en uno de los agentes más influyentes y dignos de confianza de Hollywood.

Un detalle final: poco después de convertirse en agente, Anna también se convirtió en madre y dio a luz a su hijo, Ben. Ella le dio pecho y después que terminó su licencia por maternidad, regresó a la agencia. Tanto ella como David tenían trabajos de tiempo completo, así que, como hacen muchas parejas que trabajan, contrataron a una niñera.

Ella explica: «Pensé que estaría bien con esto y creo que fue así por un tiempo. Pero, luego, mis sentidos comenzaron a captar algo. Me sentía rara dejando a mi hijo. No era que no quisiera volver al trabajo, sí quería regresar y disfruté del trabajo aun después de ser mamá. Es solo que algo no parecía estar bien en mi hogar. Luché con esa sensación por un par de semanas, tratando de descubrir qué era. Y entonces, una mañana, me di cuenta de que nuestra niñera nos apuraba para que nos fuéramos de la casa. No era algo que en realidad pudiera señalar; era solo un sentimiento, una sensación que se hacía más profunda mientras más pensaba en ella: "¡Mi niñera no me quiere en mi casa!"»

Así que instaló una cámara secreta. Y esa noche, mientras miraba el video en su casa, en lo que llama «la peor noche de mi vida», vio por qué la niñera quería que ella saliera de su hogar. La niñera se la pasó durmiendo en el piso casi todo el día.

«Me sentí horrible al ver el video de Ben trepándose sobre ella y dando pasitos para llegar a la ventana llamándonos a nosotros, mirando sobre el pequeño portón hacia la cocina y llamándome. No es que ella fuera mala con él. Sencillamente lo ignoraba por completo. No le prestaba atención ni le daba amor. No lo tomaba en brazos. Absolutamente nada. Fue algo horrible. A la mañana siguiente, la madre osa se despertó en todo su furor y la despedí en el instante en que entró a nuestra casa».

Y esto los dejaba a ella y a David con un problema. Anna no quería dejar de trabajar, pero tampoco podía pensar en dejar a Ben en el hogar, aun con una niñera diferente. Ella y David se sentaron a hablar sobre esto. Fue una noche difícil, pero al final, encontraron la solución correcta para ellos. A ella le encantaba su trabajo, pero David estaba aburrido con el suyo. Su familia había vendido la imprenta y los nuevos dueños no estaban muy conformes de tener al hijo mayor de los antiguos dueños todavía trabajando allí. David, con su altura de casi un metro ochenta centímetros y físico de atleta, no tenía ni idea de lo que sería pasar todo el día cuidando a su hijo, pero quería probarlo. Anna trabajaría a tiempo completo, y él cuidaría a Ben, y a cualquier otro hijo que tuvieran (una hija, Charlotte, después de un par de años), y entonces cuando Anna llegara al hogar tendría la oportunidad de llevarlos a la cama todas las noches.

Esto fue hace siete años. No es un arreglo que funcionaría para todas las familias, pero sí funciona para Anna y David. Tienen suerte de tenerse el uno al otro, y juntos son más fuertes.

¿Cuál es la diferencia?

¿Qué es lo que puedes aprender al comparar la vida de Anna con la de Carla? Las diferencias no son obvias de inmediato.

¿La motivación? No creo. Tanto Anna como Carla eran personas motivadas. Y además, me imagino que conoces a muchos individuos motivados, algunos de los cuales no son felices, otros que son exitosos, y algunos que no son ninguna de las dos cosas.

¿Y qué de ese compañero que las ama? Tal vez pienses que Anna fue bendecida de forma muy singular porque David dejó su trabajo para cuidar a los hijos. Pero sus bendiciones no son tan singulares como tal vez pienses. De acuerdo al censo más reciente en Estados Unidos, en el veinte por ciento de los hogares, la persona que cuida a los hijos que van al jardín infantil o menores de esa edad durante la mayor parte del tiempo, es el esposo, y en el treinta y cinco por ciento de los hogares, la esposa gana más salario que el esposo. Y además, si David hubiera decidido no quedarse en el hogar, o si no hubieran podido vivir sin el sueldo de él, creo que Anna es la clase de persona que hubiera podido pensar en otra solución apropiada, ¿no crees?

¿Y qué diremos de David en comparación con Peter, el compañero de Carla? Después de haber hablado extensamente con los cuatro, tengo que decirte que Peter parece tan amoroso y comprensivo como David. Y aun si no lo hubiera sido, ¿es un compañero comprensivo en realidad el factor decisivo en tu éxito y felicidad? Una relación en la que hay comprensión es un don maravilloso, pero muchas veces un compañero comprensivo y una vida plena no van de la mano; de hecho, algunas veces un compañero comprensivo te alienta para que tomes las peores decisiones. No, creo que hay más que esto.

¿Seguir tus pasiones? En algún lugar de una vida plena de seguro que vas a encontrar pasión, pero, de nuevo, tus pasiones a veces compiten unas con otras. Carla sentía pasión por su familia y por Peter, y sin embargo no sentía pasión por su trabajo. ¿Cuál de las pasiones debía sacrificar? O más bien, ¿cómo debía diseñar su vida para que todas sus pasiones pudieran cumplirse? La respuesta para Carla, o para ti, no puede ser simplemente «sigue tu pasión». Debe ser «sigue tu pasión», además de otra cosa. Y esta «otra cosa» te debe decir cómo debes canalizar *todas* tus pasiones de una forma productiva y saludable.

¿Y qué con aquello de establecer metas más claras? Bueno, no podemos decir que la vida de Anna ni la de Carla fueron impulsadas por una meta o un sueño específico. Anna nunca dijo: «Tengo que salir de Iowa e irme a Hollywood». Ella de alguna manera llegó allí. Por supuesto que esto no quiere decir que los sueños no tienen valor. Estoy seguro de que tú tienes sueños. No sabes si alguna vez vas a realizar esos sueños, pero te aferras a ellos, y te dan foco, un faro de luz clara ya sea que tu vida esté siendo azotada por una tormenta o se encuentre estancada.

Sin embargo, no debes confiar tu vida a los sueños porque, lamentablemente, todas las investigaciones que tenemos sobre los sueños y las metas revelan que no podemos predecir correctamente cuáles sueños nos harán sentir realizados. El ejemplo más simple es el dinero. Muchos de nosotros anhelamos ganar más dinero y tomamos muchas decisiones en la vida basadas en aumentar nuestros ingresos. Pero el jurado no tiene una decisión clara entre el dinero y la felicidad. Si vives en la pobreza, serás menos feliz que los que viven por encima del nivel de la pobreza; no obstante, una vez que estás por encima del nivel de pobreza, el ganar más dinero no te hace más feliz. Así que, puedes guardar cerca del corazón tus sueños de una casa más grande y de una cuenta bancaria más próspera, pero no te imagines que cualquiera de esas dos te hará más feliz.

Y aun si tus sueños más descabellados se hacen realidad, has sido formada, al igual que todos los seres humanos, para endurecerte ante las alegrías de esos sueños, de la misma forma que has sido formada para ser cada vez menos vulnerable ante la tristeza de una tragedia. Una famosa serie de experimentos compararon los niveles de satisfacción de personas que se sacaron la lotería con los niveles de satisfacción de parapléjicos enseguida después del accidente que los paralizó. Al principio, como es de esperarse, la satisfacción de los que se sacaron la lotería aumentó y la de los parapléjicos disminuyó, pero luego, después de solo seis meses, el nivel diario de satisfacción de cada persona retornó al nivel que estaba antes. ¿Qué confiables pueden ser los sueños si una fantasía feliz y una pesadilla terrible te dejan, después de seis meses, sintiendo lo mismo que sentías antes?

No estoy diciendo que no debes tener metas ni sueños. Lo que digo es que si solamente enfocas tu vida entera en lograr una meta o un sueño particular, es muy posible que descubras que no te sientes tan realizada como habías esperado.

Hay una diferencia que debemos considerar, una pequeña variación a lo anterior. ¿Podría ser el poder de la intención? ¿Un poder que tenía Anna y no Carla? Podrías argüir que las «Anna» del mundo ponen más pensamientos positivos en el universo que las «Carla», y que esos pensamientos, entonces, se hacen realidad. Que las «Anna» en realidad crean su futuro creyendo en forma más deliberada y visualizando más vividamente la vida plena que quieren. Y puede ser un caso convincente. Es cierto que la vida de Anna se fortaleció cuando sus proyecciones sobre el futuro se hicieron más vívidas: «Me sentí intrigada por los detalles de los negocios en la industria cinematográfica. Así que debo buscar trabajo que tenga algo que ver con esos detalles».

Sin embargo, este énfasis en las intenciones nos plantea enigmas todavía más fascinantes.

Las intenciones de Anna surgieron de una voz interna en su cabeza que le decía qué hacer. Pero, ¿por qué debía ella confiar en esa voz? ¿Cómo sabía ella que lo que le decía que hiciera en realidad la haría sentir realizada? Carla también escuchó esta voz y sus intenciones eran igualmente intensas: «Me veo casada con Peter, trabajando con Peter, saliendo de este barrio malo y jugando con mis hijos en el jardín de mi casa». Y todas estas vívidas intenciones se hicieron realidad.

Y sin embargo, la destrozaron completamente.

Según parece, sí existe algo así como una intención digna de confianza y una intención que no es digna de confianza. Las dos suenan igual en tu cabeza, pero una lleva a la realización mientras que la otra lleva a un vacío. La práctica de vivir una vida plena te debe ayudar a crear la primera y evitar la segunda.

Así que, si la diferencia entre las «Anna» y las «Carla» no es la motivación, ni un esposo comprensivo ni la pasión, y si tanto las metas como las intenciones pueden seguirse en forma *equivocada* o correcta, ¿dónde te deja esto? ¿Qué puedes hacer para asegurarte de que eliges el sendero correcto y que, en tu trayectoria, obtienes la fortaleza para mantenerte en ese sendero?

LECCIONES IMPORTANTES DE ESTE CAPÍTULO

◉ **Dos personas con niveles similares de educación, salud, estado civil y estatus familiar, pueden tener sentimientos drásticamente diferentes con respecto a su bienestar y su satisfacción con la vida.**

◉ **Aunque las personas casadas tienden a ser más felices que las solteras o las divorciadas, un compañero amoroso no te llevará necesariamente a tomar las elecciones correctas para ti y tu vida.**

◉ **La pasión es un ingrediente vital para vivir una vida plena, pero de ninguna manera es el único ingrediente.** Con mayor frecuencia, el principal reto de la vida no es descubrir tu pasión, sino saber cómo integrar muchas pasiones en una sola vida.

◉ **Si bien es cierto que tener metas claras puede ayudarte a vivir una vida plena, ni tener metas ni alcanzar esas metas es suficiente para mantenerte a lo largo de toda tu vida.** Existe evidencia que indica que muy pronto nos adaptamos al logro de una meta y rápidamente sentimos el anhelo de algo más. La mayoría de las veces, tus logros suelen alimentar, más que satisfacer, tus aspiraciones.

◉ **Algunas intenciones son dignas de confianza y deben ser atendidas de inmediato y actuar de acuerdo a ellas.** Otras no son dignas de confianza y deben ignorarse. La sabiduría reside en conocer la diferencia.

EL ARTE DE ATRAPAR Y SOSTENER CON CUIDADO

¿Cómo puedes usar a la vida para
que te fortalezca?

Gran parte de nuestra felicidad o desdicha depende
de la disposición y no de las circunstancias.

—MARTHA WASHINGTON (1731–1802), esposa de un presidente de

Estados Unidos

E l secreto de vivir una vida plena no es algo que se esté escondiendo de ti. No se encuentra escondido en algún rincón remoto de tu personalidad. No está «por allí», en algún lugar del futuro, en algún trabajo perfecto que todavía no has encontrado o en alguna meta que aun no has alcanzado. No es algo al azar, que la suerte nos tira sin orden ni concierto.

El secreto para vivir una vida plena se encuentra enfrente de ti, te está llamando todos los días. Se puede encontrar en tu reacción emocional a momentos específicos en tu vida.

Cómo ser sincera contigo misma

Algunos momentos en la vida crean en ti emociones fuertemente positivas; llamémoslos «momentos intensos». No todos los momentos son momentos intensos, algunos producen emociones negativas, mientras que otros no producen ninguna emoción. Pero cuando experimentas un momento intenso, es auténtico. Es verdadero en el sentido de que las emociones que experimentas son genuinas. Tal vez no sepas exactamente lo que debes hacer con tus emociones, o cómo deberías llamar a cada emoción, pero sí sabes cómo te ha hecho *sentir* un momento específico. Sabes si el momento evocó dentro de ti un *sentimiento* positivo. Lo sabes con más certeza de lo que sabes cualquier otra cosa en tu vida.

Escoge un aspecto de tu vida, tal vez tu trabajo, tus hijos o tu cónyuge, y ahora imagínate un momento importante de la semana pasada. (No quiero decir un instante. Piensa en un momento intenso como en un evento. Puede haber durado diez minutos o tres horas, pero siempre tiene un principio y un fin.) Imagina los detalles del momento; lo que estabas haciendo específicamente: ¿estabas caminando, estabas sentada, escuchando, pensando? ¿Dónde estabas? ¿Afuera, en tu lugar favorito de tu casa, en la ducha, conduciendo tu automóvil, hablando por teléfono? ¿Quién estaba contigo en ese momento, un colega de trabajo, uno de tus hijos o estabas sola? Colócate otra vez en los detalles vívidos de ese momento.

¿Estás allí?

No sé lo que estás recordando en este momento. Puede ser aquel momento ayer, mientras revisabas los resultados de fin de año y encontraste un patrón revelador en el informe financiero que estabas leyendo; o cuando tu nieto se acurrucó en tu hombro mientras le leías el último capítulo de su libro favorito, o esa fantástica oración que escribiste anoche en tu blog, o la forma en que te las arreglaste para calmar a tu colega después que tu jefe cambió el horario de trabajo de todo el mundo.

Para Carla pudo haber sido los cuarenta y cinco minutos de silencio mientras ella y su esposo llenaban dos mochilas para su viaje de fin de semana a acampar. Para Anna, tal vez fue una conferencia telefónica que llevó a cabo entre un productor fascinado por la psicología de la decepción y un escritor que ella había encontrado que estaba haciendo investigaciones para un libro sobre ese mismo tema.

Lo que sea que te estés imaginando, será un momento vívido, detallado, y a medida que piensas en él ahora, sientes que cambias. Estás sentada un poco más erguida de lo que estabas hace un minuto. Tus hombros están hacia atrás. Respiras un poco más despacio. Quizás estás sonriendo. Ese momento, y las emociones que sientes mientras lo revives en tu mente, eres tú, en realidad.

Cuando te comprometes a ser sincera contigo misma, no te estás comprometiendo con un destino lejano, algún gran sueño, o con alguna lista de valores etéreos, sin importar la validez que tengan. En cambio, te estás comprometiendo con la verdad manifestada en ese «momento intenso», la verdad de que ese momento específico, sin ningún motivo racional, te produce energía.

De vuelta a Anna y a Carla. Podríamos debatir durante horas cuáles eran las decisiones «correctas» para Carla, pero lo que no podemos debatir es que ella fue a la librería a comprar libros sobre integración de sistemas, o que diseñar las sesiones de consejería sobre cómo lidiar con el sufrimiento en la escuela de su hija la hicieron sentir realizada. Estos momentos intensos son su verdad.

Podríamos poner en duda si fue justo que el esposo de Anna se quedara en el hogar mientras ella trabajaba, pero no podemos poner en duda que ella buscó sus tijeras, recortó artículos, los guardó en cajas, y que luego se los llevó con ella dondequiera que fue. La reacción emocional de esto es parte de su verdad.

Tanto Anna como Carla pueden encontrar en sus vidas diarias muchos momentos intensos específicos, muchos momentos en los que sienten una reacción emocional muy positiva, una reacción que saben que es verdadera, una reacción que pueden confiar que es auténtica. Y tú también. Y lo mismo todos nosotros. La diferencia fundamental entre Anna y Carla cuando recién las conocí, fue que Anna tomó seriamente sus momentos intensos y los usó para guiar sus elecciones y energizar su trayectoria; mientras que Carla, por muchas razones, algunas de ellas muy nobles, no lo hizo.

Si quieres que tu vida siga una trayectoria similar a la Anna, o si sientes que la vida se te está escapando como la de Carla, debes hacer lo que hizo Anna: escoger los momentos intensos en cada aspecto de tu vida y luego dejar que esos momentos produzcan la magia que te guiará, te dará gozo y energizará tu vida.

Por supuesto que es mucho más fácil escribir esto que hacerlo. Hay días cuando es difícil creer que en realidad puedan existir algunos momentos intensos. *¿Los momentos de la vida me pueden fortalecer? ¡Sí, claro!* piensas en los frenéticos momentos de un lunes de mañana mientras buscas las medias de tu hija, ella no se ha cepillado el cabello como le pediste, tu hijo cree que dejó su tarea escolar en su escritorio de la escuela, pero no está seguro, y te pide que por favor vayas a su dormitorio en el segundo piso y lo busques debajo de su cama. Y mientras tanto, tu esposo sale por la puerta representando su mejor papel de alguien que tiene algo importante que decir mientras habla en su teléfono celular.

O un jueves de noche, en el dormitorio de tus hijos, justo antes de acostarlos, mientras les acaricias el cabello y tratas de calmarlos, y les susurras que «tienes que hacer una importante presentación la semana próxima, porque Mamá acaba de recibir una promoción fantástica en el trabajo. ¿No es maravilloso?» «Sí, Mamá». Y entonces les dices: «Buenas noches, que sueñen con los angelitos. ¡Ah! Y tal vez no voy a poder estar en la presentación de Navidad en la escuela». Y de pronto, desaparecen todos los rastros de sueño y aparecen las lágrimas, y el intenso drama, y la inevitable verdad: «Pero Mamá, todas las otras madres van a estar allí».

O cuando tomas el teléfono mientras sales por la puerta y una voz oficial te dice que la mejor amiga de tu hija, la que ella defiende cuando los buscapleitos de la escuela la molestan, a la que ella se olvidó de llamar de vuelta la noche anterior, se suicidó esta mañana a las ocho.

En ocasiones como estas se te puede perdonar que pienses que los momentos de la vida no son tanto una fuente de fuerza sino más bien una carga que llevar, una pila cruel de contratiempos y desdichas. Sí, en momentos como estos la vida parece un examen en el que o pasas o te cuelgas, en el que simplemente el hecho de sobrevivir indica éxito. Tal vez te puede hacer más fuerte, pero solo porque no dejaste que te destruyera.

La práctica de una vida plena, para hacer un contraste con el malabarismo, la podemos llamar la práctica «atrapar y sostener con cuidado», te pide que enfrentes la vida con un punto de vista diferente. No niega que la vida puede presentar desafíos, confusión y ser abrumadora. Pero te pide que tengas fe de que, escondidos entre los momentos tormentosos diarios de la vida, hay momentos que pueden fortalecerte, y que tú eres dos cosas: lo suficientemente perceptiva como para identificarlos y que tienes el poder suficiente para empujar tu vida hacia ellos.

Atrapar

Creer que algunos momentos en la vida pueden fortalecerte no es tan simple como tener una actitud positiva. La práctica de atrapar y sostener con cuidado no es simplemente pensar positivamente. Sin embargo, requiere que seas optimista, pero debe ser optimismo con un *blanco*, con una *meta*. La clase de optimismo que te da fe de que esos momentos intensos existen, y que al mismo tiempo existen otros momentos que te debilitan. Cuando percibes algo, estás enfocada. Te mueves hacia la meta, la tomas, la captas, y luego la haces parte de ti. Eres selectiva.

Esta es una de las diferencias principales entre Carla y Anna. Carla era una pensadora positiva que tendía a verle el lado bueno a cada situación, y ser positiva sin duda era una bendición, y además le proporcionaba apoyo significativo a los que sufrían. Sin embargo, también la llevó por el lado equivocado. La llevó a creer que podía tomar cada momento en la mente, darle vuelta y reconstituirlo para que la fortaleciera.

Esto es algo que no puedes hacer. Tienes que enfrentar el hecho de que algunos momentos tienen energía negativa para ti. Te agotan emocionalmente. Tratar de ponerles una carga positiva a estos momentos débiles, es, en el mejor de los casos, una estrategia de supervivencia a corto plazo. Tal vez te ayude a vivir un día, pero con el tiempo, te vaciará la vida.

Tal parece que Anna se percató de esto instintivamente. Ella enfrentaba la vida como una *exploradora*, como alguien que estaba buscando los momentos intensos en su vida, que se sentía optimista de que los encontraría y, al mismo tiempo, descartaba aquellos momentos que la agotaban. Por eso se fue de Iowa, y dejó su trabajo de filmación aun cuando no tenía un plan de profesional alterno. Ella tomó su búsqueda con mucha seriedad, y cuando no encontró lo que estaba buscando, se movió con rapidez, y sin mucho remordimiento. Todavía estaba buscando.

Estudia la vida de personas que viven plenamente y descubrirás esta misma clase de optimismo que tiene un blanco, esta misma búsqueda activa de momentos intensos. Estas personas no están simplemente «viviendo el momento». Están «buscando *el* momento». Para vivir una vida plena, debes hacer lo mismo. Debes convertirte en alguien que busca, siempre alerta para atrapar esos momentos específicos.

Nadie puede hacer esto por ti porque tus momentos intensos no son lo mismos que los de otra persona. Anna recortaba información, y recortaba y recortaba por ninguna otra razón que su deleite en la información. Carla compró libros sobre la integración de sistemas y trató de visualizar cómo sería la perfecta configuración de las partes en movimiento.

Me imagino que, en cierta medida, tú sabes esto en forma instintiva. Sabes que la estrategia de imitar el enfoque de la vida de otra persona nunca te va dar resultado. Por eso muchos de los consejos bien intencionados de la gente para tu vida, a pesar de lo claros y persuasivos que puedan ser, en realidad no los atiendes; o si los aceptas, no los implementas muy bien. Sientes que lo que les da resultado a ellos no te dará resultado a ti, que mientras que a ellos les encanta ir de gira de la escuela con sus hijos, tú te bajas del autobús escolar jurando que la próxima vez vas a fingir una herida antes de volverte a ofrecer de voluntaria para vigilar a veinte niños de nueve años en el museo; o que mientras que te aconsejan que te relajes sentándote frente a la televisión con una copa de vino, tú sabes que —a pesar de lo extraño que pueda parecer— organizar tu escritorio o arreglar las fotos de la familia es mucho más relajante para ti. Sientes que la única persona que puede realmente reconocer tus momentos intensos por lo que son, es la persona que ve lo que tú ves, se da cuenta de las cosas que tú te das cuenta, que siente como tú sientes y le gusta lo que a ti te gusta. Tú.

Sostener con cuidado

Tu personalidad única determina qué momentos son los que te fortalecen. Y es cierto que sin importar lo mucho que tal vez quieras cambiarte a ti misma, los aspectos básicos de tu personalidad permanecen notablemente estables a través del curso de tu vida. Por ejemplo, aun si quisieran (y no quieren), Carla nunca va a poder deshacerse de su anhelo por organizar mejor las cosas, y Anna nunca va a saciar su anhelo de más información.

Sin embargo, lo que *sí puede* suceder, y a veces sucede, es que puedes dejar de prestar atención a los momentos que te fortalecen.

Puedes dejar de escucharlos, dejar de crear más de ellos y de celebrarlos. Y cuando dejas de hacerlo, las señales emocionales cada vez se disipan más y más, hasta que finalmente, la conexión se rompe y las señales mueren. El descuido es un asesino de las fortalezas.

En parte, esto fue lo que le sucedió a Carla. Ella dejó de prestar atención a los momentos específicos de su vida que la fortalecían y en cambio se permitió a sí misma ser impulsada por las necesidades de otras personas. Por ejemplo, se sentía fortalecida diseñando sistemas, no administrando esos sistemas. Pero no se dio cuenta de la diferencia. No la apreció. De hecho, es justo decir que en realidad no la entendió. Así que cuando las circunstancias la alejaron a un mundo diferente, un mundo con menos de esos momentos que producen fuerza, en forma involuntaria sacrificó lo que nunca supo que necesitaba.

Tú conoces a personas que hacen lo mismo. Dejan de prestar atención a los momentos que las fortalecen, y desconectadas de los elementos específicos de quiénes son y de lo que necesitan, permiten que sus vidas sean guiadas por los deseos de otros. Y así es como se deslizan a un patrón de vida dañino, una espiral cuesta abajo creada por ellas mismas y que es tan devastadora como común. Si y cuando (y espero que sea «si») esta espiral cuesta abajo ocurre en tu vida, se verá más o menos así:

Como descuidas los momentos específicos que te fortalecen, tu vida gradualmente se llena de una variedad de actividades y responsabilidades. Tal vez tengas una buena razón para cada una de esas responsabilidades. Todo desde «si no hago esto, nadie lo va a hacer», hasta «una buena madre *debe* hacer esto», pero el resultado es que la lluvia de momentos con que has llenado tu vida ahora te adormece los sentidos. Esta lluvia ahoga las señales de esos pocos momentos que en realidad te fortalecen. Comienzas a sentirte vacía.

Te das cuenta de esos sentimientos de vacío, pero no te das cuenta de dónde proceden, tomas aun más responsabilidades con la esperanza de que cuanto más hagas, más sentirás. (Cuando conocí a Carla ella no solo estaba a cargo de su oficina y de su familia, sino que también era tesorera de una sociedad local y era miembro de otras dos juntas directivas.)

Estas nuevas responsabilidades te apagan más los sentidos. Con cada momento que pasa, no tienes más, sino menos resistencia, y te sientes menos realizada y más débil.

Y a medida que te sientes más débil, te confundes. Comienzas a pensar que el problema es que no has manejado el tiempo en forma apropiada, que si pudieras estructurar mejor tu vida, ser más organizada, poner los límites apropiados, aprender a decir no, y apagar la computadora, no te sentirías tan abrumada.

Pero sin importar lo rígido que sean tus límites, todavía te sientes vacía porque los momentos dentro de esos límites no te fortalecen.

Este estado perpetuo de sentirte abrumada te agota, y te sorprenden pequeños chispazos de pánico, que luego se convierten en temores enormes en tu vida: «¿Qué estoy haciendo mal? ¿A dónde me va a llevar esto?» Estas preguntas se hacen cada vez más fuertes, ahogando las pocas señales fuertes que la vida todavía te envía…

Bajas por la espiral, con los días llenos de actividades y una vida cada vez más vacía.

Perdóname por no sonar más alegre, pero esta espiral es real y es destructiva, y sucede con demasiada frecuencia. De las treinta mujeres que participaron en mi taller de intervención de carreras, más de la mitad habían caído en ella. No estaban sufriendo porque estaban viviendo una versión de segunda categoría de la vida de otra persona. Más bien habían dejado de prestar atención a los momentos intensos de su vida y estaban viviendo una versión de segunda categoría de su propia vida.

Esta espiral termina en verdadero dolor psicológico (y a veces fisiológico), pero comienza con unos pocos momentos de negligencia. ¡No dejes que te suceda!

En lugar de esto, cuando percibas momentos intensos en tu vida, sostenlos con *cuidado*.

Sostenerlos con cuidado no es simplemente aguantarlos. Implica una acción cuidadosa y creativa.

- *Cuando sostienes algo con cuidado, te concentras en eso.* Sostener con cuidado significa prestar atención. Quiere decir mirar el momento desde nuevos ángulos y deleitarte en los detalles que descubres.
- *Cuando sostienes algo con cuidado, lo aceptas.* Sientes su peso y permites que te mueva. Sostener de esta manera crea desequilibrio, y esto, a su vez, crea dirección. Te guía, y tú sigues.
- *Cuando sostienes algo con cuidado, lo cuidas.* No tienes la mano cerrada en un puño. Está ahuecada, sosteniendo y protegiendo, pero también está abierta a la posibilidad de crecimiento. Cuando sostienes algo con cuidado, tienes esperanza.

Así que cuando estás tratando de decidir qué vas a hacer con tu carrera, sostén con cuidado tus momentos intensos y deja que te guíen. Cuando estás tratando de reconciliar las responsabilidades que compiten en tu vida, acepta lo que te dicen esos momentos y permite que te ayuden a establecer tus prioridades. Cuando los contratiempos de la vida te han perjudicado y todo lo que ves es oscuridad, piensa profundamente en tus momentos más intensos y estos te animarán y te mostrarán los primeros reflejos de luz.

Y claro, hay mucho más que esto. ¿Cómo puedes identificar esos momentos? ¿Y qué de todas tus responsabilidades adicionales? ¿Y qué de posponer la gratificación y de hacer sacrificios para un futuro mejor? Vamos a hablar de eso más adelante en el libro. Por ahora puedes estar segura de lo siguiente: El secreto de una vida plena es atrapar los momentos intensos de tu vida y sostenerlos con mucho cuidado.

La práctica de «atrapar y sostener con cuidado» en palabras simples

Busca los momentos intensos

La vida se empeña en distraerte con un desequilibrante surtido de enérgicas señales: las distintas carreras que podrías seguir, las personas a las que puedes llegar a conocer íntimamente, momentos que podrías volver a vivir. Escondidas entre esta colección están las pocas señales que verdaderamente te vigorizan, las carreras que *debes* seguir, las elecciones que *debes* hacer, las personas a las cuales *debes* llegar a conocer íntimamente, los momentos que *debes* volver a vivir. ¿Cómo puedes clasificar todo esto?

Presta atención a tus emociones. Tus emociones son las señales que te envía la vida. Deja de *transmitir* —calla a tus metas, planes, demandas e intenciones— y comienza a *recibir* esas señales. Ellas te guiarán para que hagas las elecciones correctas. Por otro lado, si no prestas atención a estas señales emocionales, no solo harás elecciones incorrectas, sino que con el tiempo estas señales se disiparán, y te vas a desconectar de ti misma.

Para ayudarte, toma el test titulado «Una mejor vida» del que se habla en el capítulo 7. Esta prueba te mide contra los nueve papeles positivos que todos desempeñamos en la vida y te revela los papeles que naciste para desempeñar. Tus resultados filtrarán el ruido y te mostrarán dónde puedes encontrar tus momentos más intensos.

Acepta lo que descubras

Cuando prestas cuidadosa atención a tus emociones, descubrirás algunas cosas que te sorprenderán. ¿Quién se hubiera imaginado que a Carla le encantaba diseñar sistemas, pero que no le gustaba implementarlos? Bueno, después de prestarles atención cuidadosa a sus emociones, Carla se dio cuenta. Pero, no aceptó lo que encontró. De hecho, lo negó, enmascarándolo con su sentido de obligaciones hacia su esposo y su familia. Es importante que mires a través de la máscara de obligaciones para descubrir tus verdaderos sentimientos, y debes aceptarlos, adondequiera que sea que te lleven. Solo entonces podrás realizar elecciones sin remordimiento. Solo entonces podrás ofrecerle al mundo tu contribución única y singular.

La vida colocará suficientes obstáculos en tu camino: preocupaciones por el dinero, colegas que te harán la vida difícil, un cónyuge que no te entiende. No permitas que el mayor obstáculo de todos sea la auto-negación. Aceptación significa:

- *Confía.* Tú sabes mejor que nadie cuáles son los momentos que te fortalecen.
- *Actúa con denuedo.* Sea lo que sea que descubras sobre ti misma, llévalo a cabo con las acciones que exige tu descubrimiento. Aun cuando, como descubrió Carla, te llevan a tener algunas conversaciones difíciles.
- *Sé amable contigo mismo.* No todas las elecciones que hagas van a ser las correctas, pero si dejas de juzgarte y continúas escuchando a la mejor parte de ti misma, la próxima elección puede que lo sea.

Procura el desequilibrio

La vida puede pedirte de todo, pero tú no lo puedes hacer. Debes aprender a elegir, a enfocar tu vida hacia momentos específicos. Debes aprender a crear más de los momentos intensos que quieres y a celebrar los que ya tienes. Tu vida no va a ser una vida equilibrada, como veremos, porque una persona no puede mantener el equilibrio y sentirse realizada al mismo tiempo, aun en las pocas veces que puedas lograrlo. Pero si aprendes a crear y a celebrar los momentos intensos, tu vida va a ser plena, inclinada, fuerte, enfocada hacia tus momentos más intensos. Con mucha frecuencia escuchas: «Debes aprender a decir que no». No obstante, para vivir tu vida más plena, debes hacer justo lo contrario. Tienes que aprender a decir «sí». Sí, a los momentos intensos en cada aspecto de tu vida. Sí, a la gente que te ayuda a crear esos momentos. Sí, a tus sentimientos mientras vives estos momentos. A decir «sí» con el suficiente enfoque y fuerza, que no vas a tener la necesidad de decir «no».

En los tres capítulos siguientes vamos a explicar cada una de estas partes de la práctica. Vas a tomar un examen que revelará el papel que has nacido para desempeñar. Además, vas a conocer a varias mujeres que han aceptado llegar al sitio que sus momentos intensos las han llevado y que han sido estimuladas en el proceso. También aprenderás a tomar control de tu vida, a desequilibrarla, y de esa forma, conectarte a la fuerza que necesitas.

LECCIONES IMPORTANTES EN ESTE CAPÍTULO

- **Los momentos son lo más importante.** Son más importantes que los sueños, las metas, los valores y las relaciones. Los momentos hacen realidad todo lo demás.

- **Por ninguna otra razón aparte de la naturaleza de tu personalidad, ciertos momentos provocan en ti sentimientos positivos.** En esos momentos intensos vas a encontrar tu verdad.

- **Las mujeres más felices y exitosas identifican esos momentos específicos en cada aspecto de sus vidas, y los buscan con ahínco.**

- **Ellas son optimistas.** No lo son tanto como para creer que cada momento puede ser hecho para fortalecerlas. Pero, en cada aspecto de sus vidas, buscan con ahínco estos momentos intensos, y tienen la predisposición para creer que van a encontrar eso que están buscando.

- **Una vez que han descubierto sus momentos intensos, les prestan atención deliberada.** Se dan cuenta que, como la atención amplifica todo, mientras más se enfocan en estos momentos intensos, más vívidos, poderosos y energizantes estos se vuelven.

- **Mientras mejor se concentran en estos momentos intensos, mejor se sienten cuando tienen que dejar escapar todos los otros momentos.**

- **Este hábito de buscar los momentos intensos y prestarles atención cuidadosa puede llamarse «Atrapar y sostener con cuidado».** Es una práctica para usarse a lo largo de toda la vida y la usan las mujeres más felices y exitosas.

BUSCA LOS MOMENTOS INTENSOS

¿Qué papel naciste para desempeñar?

El éxito significa sentirte bien contigo misma, con lo
que haces y con el cómo lo haces.

—MAYA ANGELOU (nacida 1928), autora y poetisa norteamericana

¿Con cuánta frecuencia dejamos de prestar atención a las personas porque asumimos que las conocemos? Vemos la ropa que usan, la forma en que hablan, quiénes son sus amistades y llegamos a nuestras conclusiones. Terminamos sus historias. Llenamos los blancos en sus vidas. Dejamos de formular preguntas y en realidad nunca llegamos a conocerlas. Tal vez llegamos a tolerarlas. Pero la tolerancia es una evasión. La tolerancia indica distancia, mantener las cosas separadas y aguantarlas. No incluye escuchar ni ser sensible. Aunque podemos tolerar a algunas personas, nunca llegamos a ver el mundo totalmente desde su punto de vista. Y por lo tanto no podemos tenerles empatía. No podemos respetarlas ni amarlas. No podemos entenderlas.

¿Y quién es la primera persona que sufre por nuestra intolerancia? ¿Quién es la primera persona sobre la que hacemos suposiciones, cuyas circunstancias toleramos, a quien mantenemos a una distancia prudente, con quien luchamos para tenerle empatía, para respetar y amar verdaderamente? ¿Cuál es la primera persona a quien no defendemos? Nosotros mismos.

Es muy fácil desempeñar un rol que asumimos es el correcto para nosotros. Sentimos que es un papel cómodo, inevitable y hasta virtuoso. Decimos cosas como las siguientes:

- «Por supuesto que debo seguir trabajando a tiempo completo. Mi familia necesita los beneficios del seguro de salud».
- «Por supuesto que debo continuar con mis estudios de medicina, porque mi madre y mi padre han gastado mucho dinero en mi educación. No puedo desperdiciar todo eso».
- «Por supuesto que debo dejar mi trabajo y cuidar a mis hijos. Después de todo, ¿qué puede ser más importante que mis hijos?»

Cualquiera de estos papeles puede que resulte ser el que tú debas desempeñar, pero sea lo que sea que decidas hacer con tu vida, no bases tus decisiones en lo que *asumes* que es el papel correcto que debes adoptar. Basa tus decisiones en el hecho de que te valoras lo suficiente para ser inquisitiva, para formular preguntas y para escuchar atentamente lo que te dicen tus emociones. Solo entonces encontrarás los momentos que te fortalecen. Solo entonces descubrirás el papel que naciste para desempeñar.

Hay estudios que revelan que es más probable que las mujeres atribuyan su éxito a factores externos tales como la suerte u otras personas, mientras que los hombres atribuyen su éxito a factores internos, tal como sus propias fortalezas. Sin duda alguna, esto les da a los hombres más seguridad en sí mismos cuando tienen que enfrentar el siguiente reto, pedir esa promoción o negociar ese aumento de salario. Sin embargo, si te adentras más en la investigación, descubres que no todas las mujeres son iguales. Las mujeres más exitosas, si las medimos por el nivel de logro profesional (y sé que no es la medida perfecta), piensan más como los hombres. Ellas explican su éxito apuntando hacia sus fortalezas y describiendo cómo han canalizado esas destrezas hacia una ejecución sobresaliente.

Para ayudarte a señalar tus fortalezas, toma el examen titulado Examen para una vida plena. Lo encontrarás en www.unamejorvida-test.com. Te animo a que lo compartas con cualquier persona que creas que se puede beneficiar de tener más enfoque y claridad en su vida.

El test «Una mejor vida»: Descubre los papeles que naciste para desempeñar

Aunque he trabajado en muchos perfiles para descubrir talentos durante las últimas dos décadas, el más conocido es el perfil titulado *StrengthsFinder*, desarrollado con el Dr. Donald Clifton. Cuando Don y yo diseñamos originalmente este examen, él identificó las preguntas y yo escribí las descripciones de los treinta y cuatro temas sobre talentos que el examen mide. Nuestra meta era separar los distintos aspectos de tu personalidad y presentarte tus cinco temas principales de talento. Queríamos darte a ti, y al resto del mundo, un lenguaje común para describir todo lo que está bien en ti. En aquel tiempo esta idea era innovadora puesto que la mayoría de los perfiles psicológicos estaban diseñados para medir lo que está mal en ti. Pero en los últimos años se ha vuelto tan popular, que cada año más de un millón de personas alrededor del mundo lo completan.

El propósito del test «Una mejor vida» es diferente. En lugar de separar los distintos aspectos de tu personalidad, este examen los junta. Te mide usando nueve papeles y te revela cuál de ellos es tu papel principal. (También te mostrará tu segundo papel, tu papel secundario.)

Estos nueve papeles o roles se derivan de mi análisis de los resultados de exámenes de la personalidad durante las últimas dos décadas. Cuando miras detenidamente miles de resultados, descubres que, aunque cada uno de nosotros es infinitamente único, siempre emergen algunos patrones que se repiten. Estos patrones no son «factores» o «tipos» estériles. Más bien son emocionales. Causan que sientas amor, y gozo, y temor, y dolor. Te dan mucha paciencia en algunas partes de tu vida e intensa impaciencia en todas los demás. Te acercan a cierto tipo de personas, mientras que te hacen rechazar a otras. Le dan color a tus sueños y forma a tus deseos. Son, en la bella frase del Profesor James Hillman, «el código de tu alma».

Como, a fin de cuentas, definen tu carácter, escogí llamarlos roles de vida. Son nueve:

Consejera

Vigilante

Creadora

Moderadora

En el test «Una mejor vida», con mi colega la doctora Courtney McCashland te presentamos distintos escenarios y luego te desafiamos a que los identifiques con la decisión que tomarías. Igual que todos los exámenes de este estilo, los resultados serán más exactos cuando lo tomas con la mente abierta, así que te aconsejo que vayas al sitio Web y lo completes antes de leer las descripciones a continuación. Y cuando lo tomes, asegúrate de contestar lo primero que te viene a la mente; tu reacción inmediata y sin filtrar es siempre la más reveladora.

Por supuesto que los resultados de tu examen no te van a definir completamente, hay muchos más ajustes que querrás hacer por tu cuenta para agregar detalles y cosas específicas. Pero lo que el examen hará es que te mostrará donde comenzar tu búsqueda de una vida plena.

A continuación te presento la descripción de estos roles, junto con sugerencias sobre cómo sacar el mejor partido posible a tu papel principal y a tu papel secundario.

CONSEJERA

Comienzas preguntando: *«¿Qué es lo mejor que puede hacerse?»*, y tu entusiasmo proviene de saber que eres la persona a la que la gente va para obtener respuestas. No necesariamente quieres ser la persona que realmente hace que los cambios sucedan. Más bien, lo que te entusiasma es que otros te valoren por tu discernimiento y juicio. Puesto que te gusta ser la experta, estás buscando información constantemente que ayudará a la gente a tomar mejores decisiones. Cuando miras al mundo, prestas atención a los pequeños matices de los detalles porque esos detalles asegurarán que des mejor consejo. Sabes que el mejor consejo nunca es general, sino que más bien está adaptado a las características singulares de la persona o la situación. Puedes ser exigente y obstinada, pero sobre todo, eres discriminadora: «suficientemente bueno» no es suficientemente bueno para ti. Siempre hay una forma mejor, un arreglo mejor, una solución mejor, y te sientes animada cuando te piden que la busques. Y cuando lo haces, no pones en tela de juicio tu decisión. La razón por la que la gente te busca para consejos es precisamente porque te sientes así segura y así de confiada en tu intuición. Lo sabes instintivamente, y estás orgullosa de ello.

Sabes que eres consejera si:

- ◎ Formulas muchas preguntas.
- ◎ Te sientes impaciente por que se hagan las cosas.
- ◎ Sientes placer con las distinciones específicas.
- ◎ Siempre estás explicando algo.
- ◎ Confías en tu intuición.

Tus momentos más intensos son cuando:

- ◎ Descubres esas pocas mejoras críticas que marcan la diferencia.

- Alguien te llama en forma imprevista y confía en tu opinión.
- Le aclaras un asunto complejo a alguien, la persona actúa sobre lo que le dijiste, y tú ves su éxito.
- Te percatas de una diferencia que revela una verdad elemental acerca del mundo.
- Te piden que seas testigo experta.

Para aprovechar tu rol al máximo:

- Haz la tarea. Tus amigos y colegas vendrán a ti porque confías en tu buen juicio, así que asegúrate de informar a tu buen juicio con hechos.
- Desarrolla tu banco de distinciones. Practica las palabras, frases o ejemplos que aclararán una situación.
- Aprende a adaptar tu consejo a la persona. El éxito de tu consejo dependerá no solo en qué bien se sigue, sino también en lo fácil que le resulte a la persona entenderlo y ponerlo en práctica.
- Aprende a ocultar tu impaciencia. Algunas personas nunca entenderán las distinciones que estás haciendo, sin importar con qué cuidado adaptes tu consejo. Cuando te encuentres con personas así, no las menosprecies; si lo haces, con mucha rapidez ganarás una reputación de sabelotodo, y esto provocará que la gente se pregunte si es prudente buscar tu asesoramiento. Y si la gente deja de pedirte consejos, no tendrás la oportunidad de ser consejera. Así que en lugar de menospreciar, simplemente deja de darle consejo a esa persona y busca una manera amable de continuar con alguien más que pueda entender lo que le estás diciendo.
- Cuando te encuentres en un papel de administración, asegúrate de rodearte de personas motivadas por la acción. Por naturaleza, tú delegas tareas, y esto funciona muy bien cuando las personas que están a tu alrededor tienen el talento que se requiere para entender y ejecutar tu asesoramiento. En lugar de quejarte por la falta de talento a tu alrededor, procura buscar personas a quienes les encante realizar tareas. Complementarán y ampliarán tu consejo. Harán que te veas bien.

 **VIGILANTE**

Comienzas preguntando: *«¿Está todo el mundo bien?»* En realidad estás consciente del estado emocional de otras personas, en particular si percibes que se sienten heridos o dejados de lado. Por instinto eres inclusiva, siempre estás buscando maneras de traer a otros al círculo y hacerlos sentir queridos, escuchados y apreciados. Prestas mucha atención a las diferencias entre las personas, lo que les gusta, lo que les disgusta y sus debilidades. Piensas que *«es la única forma de poder cuidar sus sentimientos»*. Tú proteges a la gente y te enojas o te molestas si notas algún comportamiento arrogante o que no toma en cuenta los sentimientos de otras personas. Eres una amiga muy leal y que perdona, pero no te dejas vencer fácilmente. Aunque tu círculo es grande, tiene un perímetro y si el comportamiento de alguien te ofende, tú lo vas a sacar fuera de tu perímetro. Esto te producirá dolor, pero lo harás de todas formas. Tanto en el hogar como en el trabajo, muchos llegarán a confiar en ti y a contar contigo: tú eres su puerto seguro, una presencia consecuente de apoyo en un mundo indiferente. Y te quieren mucho por eso.

Sabes que eres vigilante si:

- Quieres que la gente se sienta a gusto contigo y te esfuerzas para lograrlo. Eres buena para eso y hacerlo te fortalece.
- Prestas atención a la idiosincrasia de cada persona.
- Te comunicas con la gente frecuentemente.
- Tienes un círculo de amigos grande; no conocidos, sino verdaderos amigos, personas que conoces bien y por las que sientes profundo afecto.
- Creas lealtad apasionada en otros.

Tus momentos más intensos son cuando:

- La gente deposita su confianza en ti.
- Tus amigos te buscan a ti primero.

- Anticipas lo que le gustará a alguien, y estás en lo cierto.
- Alivias el estrés de otros.
- Encuentras una forma positiva de incluir a alguien que ha sido dejado de lado.

Para aprovechar tu rol al máximo:

- Aprende a usar la buena voluntad que creas. Sí, eres una vigilante del bienestar de lo demás porque no lo puedes evitar. Pero eso no quiere decir que no puedas pedir nada para ti. Mientras que tu apoyo es virtualmente sin condiciones, el hecho de que estás dispuesta a proveerlo causará que otras personas quieran hacer algo para ti. Asume la responsabilidad de canalizar esta buena voluntad hacia una meta importante y de valor. Tu papel de persona que vigila por el bienestar de otros es importante porque creas buena voluntad en otras personas. Aprende a usarla.
- Descubre maneras en que la tecnología puede ayudarte. Por ejemplo, sitios Web de interconexión social tales como Facebook, Twitter y MySpace pueden tanto mantener como expandir tu círculo proveyéndote noticias actualizadas de los gustos, éxitos y sentimientos de cada persona.
- Encuentra los momentos particulares de gozo en este papel. El peligro de este rol es que llegues a sentirte agobiada por los sentimientos de los demás y te olvides de los tuyos. Para evitar este peligro, no luches con tu rol de persona que vigila por el bienestar de otros; nunca lo vas a poder vencer. En cambio, aprende a colocar tu propia satisfacción en la forma en que la otra persona te ve. Nunca vas a poder controlar los sentimientos de la otra persona (y te vas a torturar si lo tratas de hacer), pero sí puedes controlar lo que le dices y lo que haces por ella, y así puedes controlar la forma en que ella llega a verte. Coloca tu gozo en la forma en que ella te ve, como una consistente presencia de apoyo.
- Define el perímetro de tu círculo. ¿Qué comportamiento provocaría que saques a alguien de ese círculo? Si alguien hace algo que no es ético, ¿estarías todavía dispuesta a apoyarla? Si alguien te pide dinero prestado y no te lo devuelve, ¿todavía la apoyarías? Si alguien hiere a otra persona, ¿todavía estarías a su lado? Dibuja la línea de tu perímetro, y va a ser mucho menos abrumador (aunque nunca es fácil), en esas raras ocasiones cuando necesites sacar a alguien fuera de tu perímetro.

CREADORA

Comienzas preguntando: *«¿Qué entiendo en esto?»* No eres inmune a los sentimientos y perspectivas de otros, pero tu punto de partida es tu propio discernimiento, tu propio entendimiento. Ves al mundo como una serie de choques entre partes que compiten, pedazos y agendas; y te sientes compelida a ver el sentido de todo eso. Para ti no hay nada tan emocionante como encontrar el patrón debajo de la locura de la vida, un concepto central que puede explicar el porqué de las cosas resultan de la forma que resultan, o mejor aun, predecir cómo las cosas van a resultar. Eres una persona minuciosa, alguien que necesita tiempo sola para reflexionar, meditar y filtrar. Sin este tiempo de soledad, los acontecimientos se apilan sobre ti sin orden ni concierto, y la confusión comienza a abrumarte. Así que anhelas tiempo sola, temprano de mañana, tarde de noche, en largos vuelos y usas ese tiempo para aclarar tu mente. Eres una persona creativa. La forma que tome esta creatividad dependerá de tus otros rasgos y talentos, pero ya sea que escribas, pintes, cantes, completes proyectos o hagas presentaciones, te sientes atraída a hacer algo. Cada cosa que haces es una señal tangible de que le has encontrado sentido al mundo, de que has organizado el caos de alguna forma útil. Miras lo que has hecho, sientes placer en lo que ahora entiendes, y entonces te mueves hacia la próxima creación.

Sabes que eres creadora si:

- Te sientes incómoda si pasa un día sin producir alguna señal tangible de discernimiento o comprensión.
- Te empujas a ti misma intensamente y muy pocas veces te detienes a celebrar tus logros. Todavía hay demasiado por entender.
- Lees mucha literatura en la categoría de no ficción.

○ Te sientes inspirada por los logros de otras personas, no necesariamente por su crecimiento y desarrollo, sino por lo que han logrado. Te interesan más los «destinos» que las «jornadas».

Tus momentos más intensos son cuando:

○ Descifras algo.
○ Pasas tiempo leyendo a solas, escribiendo, preparándote mentalmente.
○ Captas una nueva perspectiva en algo.
○ Tienes una conversación profunda con alguien.
○ Tienes la oportunidad de mostrar tu experiencia.

Para aprovechar tu rol al máximo:

○ Toma tiempo para celebrar lo que has logrado. Te inspirará para continuar creando.
○ Explica a los demás que haces las cosas mejor cuando has tenido tiempo para meditar, y que no eres buena para tomar decisiones instantáneas. Sin esta explicación, la gente puede percibirte como indecisa.
○ En forma deliberada, involucra a otras personas, amigos, colegas, familiares, para que te ayuden a meditar sobre alguna cosa. Los hará sentirse involucrados, y te ayudará a que no tengas pensamientos dándote vueltas y más vueltas en la mente, lo que a veces te das cuenta que haces.
○ Lleva contigo un cuaderno de notas. La perspectiva sobre algo puede llegar de golpe y en un momento inoportuno, y querrás tener un lugar donde anotarlos.

MODERADORA

Cuando hay que hacer algo, comienzas con la pregunta: «*¿Qué es lo correcto?*» Eres sensible a la forma en que todo está conectado en el mundo, a la manera en que el movimiento en una parte del mundo provoca que también se mueva todo lo demás. Como estás muy consciente de esta interconexión, te sientes impulsada a mantener todo alineado. Esta necesidad de alineación puede ser organizativa: puedes sentir cuando tu mundo está desorganizado y te sientes muy bien al regresar todo a su lugar correcto. O puede ser ética: estás perfectamente consciente de quién es responsable de qué, y eres muy rápida para actuar si alguien no cumple con sus responsabilidades. No tienes problema en enfrentar a esa persona si ella no ha cumplido sus obligaciones. Si eres tú quien no ha cumplido con tus responsabilidades, tampoco tienes problema en enfrentarlo. Ves las cosas que nos comprometemos a hacer los unos por los otros como hilos que nos conectan y nos permiten compartir en el éxito de alguien. Te produce dolor ver rotos esos hilos, así que eres su apasionada protectora. En tu mejor momento, eres nuestra conciencia, y nos ayudas a darnos cuenta de lo mucho que nos debemos unos a otros, y de lo mucho que dependemos unos de otros. Tú nos haces sentir unidos.

Sabes que eres moderadora si:

- Trabajas mejor cuando las fechas límite y los plazos están claramente establecidos.
- Pasas mucho tiempo definiendo las reglas de algo.
- Te vuelves una defensora activa y ardiente de las causas con las que te comprometes.
- Te manifiestas a favor de lo correcto aun cuando no sea popular hacerlo.

Tus momentos más intensos son cuando:

- Transformas en bien el mal que le han hecho a alguien.
- Defiendes a una persona o un principio enfrentándote a la resistencia.
- Organizas algo.
- Aclaras las reglas que todos debemos seguir.
- Otros te piden que emitas un juicio, y luego hacen lo que dices.

Para aprovechar tu rol al máximo:

- Busca situaciones enredadas y que necesitan ser estructuradas. Eres una de las pocas personas que disfrutan poniendo orden en el mundo, así que el resto de nosotros va a confiar mucho en ti cuando hay situaciones caóticas.
- Lidera con tus valores. Busca una manera no petulante de decirle a la gente cuáles son tus valores fundamentales. Tus valores te hacen predecible, y esa cualidad hará que la gente te tenga confianza.
- Aprende a establecer una diferencia entre tus valores intrínsecos —los que nunca vas a cambiar— y las otras áreas de la vida en las que no tendrías problema en considerar una perspectiva diferente y una nueva forma de hacer las cosas. De esta forma la gente no creerá que tus valores intrínsecos son inflexibilidad.
- Eres una defensora apasionada de los que crees que han sido perjudicados, incluyéndote a ti misma. Este es un rasgo admirable, pero a veces se puede percibir como que estás a la defensiva. Para evitar esto, escoge cuidadosamente qué o a quién vas a defender.

PERSONA INFLUYENTE

Comienzas preguntando: *«¿Cómo puedo impulsarte a actuar?»* En virtualmente todas las situaciones, tu ojo va al resultado. Ya sea que estés en una larga reunión en el trabajo, ayudando a tu hijo a hacer sus tareas escolares, o hablando hasta por los codos con una amiga, mides tu éxito según tu habilidad de persuadir a que una persona haga algo que no necesariamente tenía intenciones de hacer. Tal vez lo hagas por la fuerza de tus argumentos, tu encanto, o tu habilidad de ser más ingeniosa que ella, o tal vez por alguna combinación de las tres cosas; pero sin importar tu método, lo que en realidad te importa es mover a esa persona a la acción. ¿Por qué? En parte, porque percibes cómo pueden terminar las cosas si la otra persona no actúa, y en parte porque por instinto estás consciente del momento y te frustras cuando te encuentras con alguien que hace detener tu impulso. Pero, principalmente, porque es algo que no puedes evitar. Te resulta agradable ejercer influencia en el comportamiento de las personas a través del poder de tu personalidad. Es algo desafiante, misterioso y emocionante, y al final, por supuesto, hace que sucedan cosas buenas.

Sabes que eres una persona influyente si:

- Te gusta cerrar el trato.
- A veces retas a la gente más de lo que deberías hacerlo.
- Eres alguien en quien la gente confía para que diga las cosas como son.
- Disfrutas de un poco de resistencia ante tus ideas porque te da la oportunidad de mostrar lo persuasiva que puedes ser.

Tus momentos más intensos son cuando:

- Encuentras la palanca adecuada para impulsar a alguien a la acción.
- Haces que una persona piense que tu idea es de ella.
- Regateas con alguien y terminas con un negocio fantástico.
- Te piden que tomes la decisión final.
- Estás en la vanguardia, haciendo que las cosas avancen.

Para aprovechar tu rol al máximo:

- Mucha gente se siente intimidada por la resistencia y tratan de evitarla. Pero ese no es tu caso. Te sientes en tu «elemento» cuando tratas de empujar a través de la resistencia y de mantener el impulso. Así que busca situaciones con resistencia inherente, tales como vendedora o recaudadora de fondos, y tu valor le será inmediatamente aparente a todo el mundo.
- Escucha atentamente para descubrir lo que hace reaccionar a las personas. Estas son claves para impulsarlas a la acción. Cuanto más rápido las puedas identificar, tanto más rápido podrás hacer que las cosas marchen.
- Aprende a distinguir. Cuanto te enfrentas con la resistencia de un grupo, encuentra a la persona que toma las decisiones dentro de ese grupo. No malgastes tu papel de persona influyente en alguien que no puede tomar decisiones.
- Ignora a la gente que te dice que seas paciente. En cambio, si el progreso se manifiesta con lentitud, busca pequeñas alas a lo largo del camino que satisfagan tu necesidad de impulso.

MOTIVADORA

Comienzas preguntando: *«¿Cómo puedo elevar el nivel de energía?»* Estás totalmente consciente de la energía en un lugar, y te sientes obligada a hacer todo lo posible para elevar su nivel. Lo haces con tu enfoque: eres una persona optimista instintivamente. Lo haces con tus acciones: te sientas al frente en una reunión, levantas la mano para formular preguntas e invitas a otros para que contribuyan y sean voluntarios. Lo haces con tu humor, con la sonrisa en tu voz. Como eres una persona que da energía, la gente se siente atraída hacia ti. El mundo las golpea, pero saben que en ti van a encontrar el poder para volverse a levantar. No eres suave y tierna. Al contrario, desafías a la gente para que dé rienda suelta a su energía, y te impacientas cuando alguien se rehúsa a hacerlo, tomando de tu energía y sin generar nada de la propia. Pero aun así, las personas se seguirán sintiendo atraídas hacia ti porque sienten que, en lo profundo, no puedes dejar de motivar a los demás. Sienten que tu reacción natural es celebrar todo lo bueno que hay en ellos, enfatizar sus fortalezas y destacar sus logros. Aun en tus días más oscuros, sabes que están bien.

Sabes que eres motivadora si:

- Tienes más invitaciones sociales de las que puedes atender.
- Tienes una risa contagiosa.
- Te encanta organizar fiestas para otras personas, aunque no necesariamente para ti. (Te fascina dirigir el reflector a otras personas, más que a ti misma.)
- Te buscan, y te agotan, los vampiros emocionales.
- Coleccionas historias y citas inspiradoras.

Tus momentos más intensos son cuando:

- Ríes, y también cuando lloras.
- Haces reír a otras personas.
- Te dicen: «Eres una inspiración para mí».
- Puedes hacerte cargo de un grupo y elevar sus ánimos.
- Planeas una celebración para alguien y puedes ver su reacción.

Para aprovechar tu rol al máximo:

- Descifra si eres mejor motivando a personas que no tienen ninguna motivación, o motivando a personas que están marchando bien pero que parece que necesitan una pequeña sacudida para hacerlos llegar al siguiente nivel. Estas son dos versiones distintas de este papel, y es poco probable que te sientas impulsada por las dos.
- Estudia lo que da resultado. Cuando has sido muy eficaz en elevar a la gente hacia nuevas alturas, tómate el tiempo para ver cómo sucedió. ¿Qué fue lo que hiciste exactamente que funcionó tan bien?
- Descubre cuál es la mejor manera de quitarte de encima a esas personas que te quitan la energía pero que te ofrecen muy poco a cambio. Si no tienes cuidado, esta gente te va a agotar.
- Descifra qué actividades específicas recargan tus propios niveles de energía. Como motivadora, vas a estar siempre poniendo tu energía en otras personas. Este es un papel maravilloso, pero solo si puedes volver a llenar tu tanque de energía.

PIONERA

Comienzas preguntando: *«¿Qué hay de nuevo?»* Por naturaleza, eres una exploradora, te entusiasman las cosas que no has visto antes, las personas que no has conocido. Mientras que hay gente que se siente intimidada ante lo que no les resulta familiar, a ti te intriga. Le da alas a tu curiosidad y agudiza tus sentidos —eres más inteligente y más perceptiva cuando estás haciendo algo que nunca has hecho antes. Con la ambigüedad llega el riesgo, y eso es algo que tú recibes con gusto. En forma instintiva sabes que eres una persona ingeniosa, y puesto que te gusta usar este aspecto de tu personalidad, buscas en forma activa situaciones donde no hay un sendero ya marcado, donde debes descifrar cómo avanzar. Percibes que tu apetito por lo desconocido puede ser un intento de llenar un vacío, y algunos días te preguntas qué es lo que estás tratando de probarte a ti misma. Pero la mayoría de las veces, dejas que otras personas hagan las preguntas y el análisis, y disfrutas tu naturaleza pionera. Te sientes mejor cuando formulas una pregunta que nadie ha formulado, pruebas una técnica que nadie ha probado, sientes una experiencia que pocos han sentido. Necesitamos que te mantengas en tu mejor forma. Tú nos guías a territorios no descubiertos.

Sabes que eres pionera si:

- Te aburres con facilidad.
- Siempre estás pensando en nuevas ideas para negocios.
- Te entusiasmas y eres curiosa.
- No lees las instrucciones.
- Adoptas temprano la nueva tecnología.

Tus momentos más intensos son cuando:

- Estás comenzando algo nuevo.
- Tus planes cambian de pronto y tienes que improvisar.
- Te empujas más allá de tus límites.
- Estás hablando de lo que sigue.
- No estás muy segura de lo que está a punto de suceder.

Para aprovechar tu rol al máximo:

- Busca la ayuda de expertos. Te ayudarán a mirar lo que viene por delante y te prepararán para los desafíos que estás a punto de enfrentar.
- Busca situaciones en las cuales las cosas se vuelven obsoletas con mucha rapidez. Las carreras en alta tecnología, medios de comunicación, modas e investigación aplicada por naturaleza te intrigarán, porque lo que ya existe está a punto de ser reemplazado con algo nuevo.
- Te entusiasma lo desconocido, pero esto provoca ansiedad en otras personas. Para transformar su ansiedad en confianza, aprende a describir lo desconocido con detalles vívidos. Cuando más detalladas sean tus descripciones, tanto más motivados se sentirán para unirse a ti en tu trayectoria.
- No escuches a los que te dicen que no comiences hasta que el último detalle del plan está en su lugar. En cambio, si quieres agregarle detalles a algo, agrega detalles al lugar de llegada. Cuanto más claro te imagines adonde vas, tanto más te servirá tu ingeniosidad natural a lo largo del camino. Por el contrario, si tu lugar de llegada no es claro, existe una posibilidad de que tu disposición de improvisar te lleve a zigzaguear en forma improductiva.

MAESTRA

Comienzas preguntando: «*¿Qué puede aprender él o ella de esto?*» En forma instintiva, tu enfoque es hacia la otra persona. No necesariamente hacia sus sentimientos, sino hacia su entendimiento, sus habilidades y su desempeño. Tú ves a cada persona como una obra en progreso, y te sientes cómoda con ese desorden. No esperas que alguien sea perfecto; de hecho, no quieres que sea perfecto. Te gusta el desorden de la imperfección porque sabes que del desorden sale la elección, y que esa elección lleva al aprendizaje. Puesto que el crecimiento de otra persona te energiza, tú buscas señales de él. «¿Dónde estaba ella el mes pasado?», te preguntas. «¿Qué progreso medible he visto?» Creas maneras novedosas de mantener el récord de su desempeño y celebrar con ella cuando alcanza metas más altas. Le formulas muchas preguntas para averiguar lo que sabe y lo que no sabe, la forma en que aprende mejor, lo que es importante para ella, y en qué trayectoria va. Solo entonces puedes unirte a esa persona en su nivel apropiado y de la forma apropiada. Solo entonces puedes enseñarle.

Sabes que eres maestra si:

- Nunca te das por vencido con una persona. Estás convencida de que todo el mundo puede aprender y crecer.
- Coleccionas historias vívidas de la forma en que alguien superó un obstáculo o dio el paso hacia un nivel nuevo de comprensión.
- Guardas información sobre hechos, experiencias y objetos que consideras que, en algún momento, pueden ser útiles para el crecimiento de una persona.
- Eres un imán para personas de mucho talento que buscan una mentora.

Tus momentos más intensos son cuando:

- Encuentras una historia, un hecho o un objeto que puedes usar para ayudar a aprender a una persona.
- Diseñas una forma de ayudar a una persona a mantener récord de su progreso.
- Ves que a alguien finalmente «se le prende la lamparita».
- Tomas tiempo para aprender algo para tu propio beneficio.
- Ves a una alumna que usa una destreza que le has enseñado.

Para aprovechar tu rol al máximo:

- Define tu propia rutina de aprendizaje y luego síguela. Tu vida puede llegar a estar tan ocupada con otras personas que olvidas tomar tiempo para continuar tu propio aprendizaje.
- Continúa experimentando con nuevos métodos de enseñanza y con nueva tecnología. Continúa formulando preguntas y siendo valiente, y lo mismo harán tus estudiantes.
- Aprende a diseñar ambientes que apoyen el crecimiento y el desarrollo en otras personas. Por ejemplo, pregúntate: «¿Cómo sería una familia que siempre está aprendiendo?», o: «¿Cómo sería un equipo que siempre está aprendiendo?»
- Cultiva dos o más relaciones como mentor. Asegúrate de tener siempre algo que traer a tus mentores —alguna experiencia, discernimiento, descubrimiento o pregunta— para que tengan algo para responderte y sobre lo que pueden desarrollar.
- Hay mucha gente en tu comunidad que puede beneficiarse de lo que les puedes enseñar. Busca esas oportunidades y ofrécete como voluntaria.

TEJEDORA

Comienzas preguntando: «¿*A quién puedo conectar?*» Tú ves el mundo como una red de relaciones y te sientes animada ante la posibilidad de conectar a la gente dentro tu red. No tanto porque sean personas afines, aunque tal vez lo sean, sino por lo que pueden crear juntos. Tu lema es: «Uno más uno es tres». O treinta. O trescientos. En tus días de mayor optimismo, casi no ves límite en lo que pueden crear juntas personas con diferentes perspectivas y fortalezas. Por naturaleza eres una persona inquisitiva, y siempre estás formulando preguntas sobre el trasfondo, la experiencia y las destrezas de cada persona. En forma intuitiva sabes que cada persona puede aportar algo distinto, único a la discusión, algo, no importa lo pequeño que sea, que podría ser el ingrediente vital. En la mente, o en tu lista de contactos, guardas una gran red de personas que has conocido, de las que conoces algo, que has catalogado y colocado en algún lugar de esta red, cada una de ellas con una conexión a por lo menos otra persona y con un enchufe disponible para que se le agregue otra conexión. La gente se siente atraída hacia ti porque es obvio que eres apasionada acerca de su esfera de experiencia, y porque has tenido muchas ideas prácticas sobre cómo esa esfera de experiencia de ellos se puede combinar con la de otros. Tú le das vida y agrandas la visión de otras personas sobre quiénes son y qué pueden lograr. Eres una persona que hace conexiones, que multiplica, que entreteje a la gente dentro de la estructura de algo mucho más grande y significativo que ellos mismos.

Sabes que eres una tejedora si:

- Tienes un círculo grande de conocidos.
- Nunca te sientes confundida sobre a quién debes llamar.
- Siempre estás haciendo planes sobre a quién vas a presentar a quienes.
- A menudo llamas a personas que no conoces, pero de quien has oído o leído para conectarlas con alguien que conoces.

◎ Les formulas muchas preguntas sobre sus intereses y experiencias a las personas que conoces.

Tus momentos más intensos son cuando:

◎ Encuentras similitudes entre dos personas que, superficialmente, tienen poco en común.

◎ Percibes que están en el medio del flujo de información.

◎ Conectas a una persona en tu red con cierta información que termina beneficiándola.

◎ Otras personas te buscan para encontrar a la persona adecuada para que las ayude.

Para aprovechar tu rol al máximo:

◎ Escoge una esfera y enfoca y desarrolla tu destreza dentro de ella. Eres una catalizadora; aceleras la reacción entre dos elementos. Y como todos los catalizadores, debes traer ciertos elementos a la combinación para que florezca. Tu propia experiencia siempre probará ser un ingrediente importante.

◎ Como una tejedora, siempre eres una intermediaria. Este es un papel poderoso, pero a veces otras personas se preguntarán cuáles son tus intereses. Y si no lo saben, no te tendrán confianza. Así que cuando conectes a dos personas, aclárales a las dos cuál es tu motivo. Ya sea que tu motivo sea tu propio interés o algo más altruista, tiene menos importancia que el hecho de que las otras personas sepan cuál es.

◎ Muchos conflictos surgen de la separación, cuando hay dos personas separadas, sin entenderse mutuamente. Tú puedes conectar a personas de diferentes puntos de vista. Acepta tu papel de pacificadora. Cuando la gente no se entiende, colócate entre ellos y muéstrales cómo se pueden beneficiar mutuamente.

◎ No olvides dar seguimiento a las conexiones que haces. Una cosa es conectar a las personas, otra es mantener la presión hasta que esas dos personas produzcan algo maravilloso. A ti te corresponde mantener la presión.

Siempre presta mucha atención a las cosas pequeñas

Ahora que ya has tomado el test «Una mejor vida» y has visto los resultados, es hora de que te adentres un poco más en esto.

Cuando miras tu papel principal y tu papel secundario y piensas en las maneras en que estos papeles traen fuerza y satisfacción a tu vida, recuerda lo siguiente: siempre presta mucha atención a las cosas pequeñas. Los detalles del momento tienen importancia. Por supuesto que vas a poder usar tu papel principal y secundario como una brújula, y te guiarán hacia algunos de los momentos más intensos de tu vida. Pero una brújula no es realmente el territorio. Fíjate con más detenimiento en los contornos y en el contenido de tu vida, y descubrirás las características singulares que aportas a cada rol.

Por ejemplo, el papel principal de Carla es creadora, y su papel secundario es el de vigilante. Sin duda alguna, saber esto le ayudará a medida que organiza sus días y hace planes para el futuro. Sin embargo, para encontrar su vida más plena, necesitará agregar más detalles a estos papeles. La creatividad en ella la empuja a que se meta en la cabeza sistemas complejos y a arreglarlos de forma más eficaz. Está bien, ¿pero qué clase de sistemas? ¿Qué clase de cosas le encanta diseñar y resolver? ¿Le gusta hacerlo sola o como parte de un equipo? ¿Le resulta agradable solo en las áreas en las que es experta, o es la novedad del sistema, el hecho de que sabe poco del asunto, lo que la entusiasma?

Su papel como persona vigilante del bienestar de otros le pide que trate de alcanzar y ayudar a los que han sido dejados de lado. Está bien, ¿pero qué clase de gente? Y si atender a personas jóvenes es lo que le da más energía, ¿importa la clase de ayuda que ellos necesitan? Ella ayudó a delincuentes sexuales violentos, y eso la agotó, así que, ¿hay cierta clase de jóvenes a la que se siente naturalmente atraída? Si es así, ¿quiénes son?

Para tomar decisiones inteligentes en la vida, Carla puede usar sus papeles principal y secundario como un punto de partida para tener una mirada enfocada en la forma en que ella se relaciona con el mundo.

Y tú puedes hacer lo mismo. Piensa en un momento intenso durante la semana pasada en el que estabas definitivamente actuando de acuerdo a tu papel principal. Aquieta la mente y enfoca tu atención en eso con más detenimiento. Limita la visión a un detalle del que estás absolutamente segura, y luego lentamente, agranda la lente. Parte del centro y agrégale más detalles a tu cuadro mental. ¿Qué ves? ¿Qué sientes? ¿Puedes sentir la temperatura del lugar? ¿Puedes sentir la textura de la ropa que estabas usando? ¿Qué sonidos escuchaste? ¿Los puedes escuchar de nuevo ahora?

Si estabas sola durante este momento intenso, ¿qué expresión tenías en el rostro? Imagínate que tomas un espejo y te miras a los ojos. ¿Qué hubieras visto? Y si alguien más estaba contigo durante ese momento intenso, ¿qué expresión tenía esa persona en su rostro? ¿Te estaba mirando? ¿O dirigía la mirada hacia otra parte?

¿Qué sucedió justo antes de ese momento intenso? ¿Te estabas apurando para llegar allí? ¿Te tomó por sorpresa? ¿O simplemente el momento fue el resultado de horas de preparación y concentración, o de una larga conversación?

¿Y qué sucedió justo después? ¿A dónde te llevó ese momento intenso? ¿La vida continuó igual, echando a perder el momento sin dejar nada detrás, o encontraste rastros de ese momento en todo lo que hiciste en las horas, o aun en los días siguientes? En realidad, ¿cuál fue la duración de ese momento para ti?

Como antes, es obvio que yo no tengo idea de lo que estás viendo en tu mente, pero sea lo que sea, es algo vívido. Presta atención a esos detalles. Te ayudarán a darte cuenta con exactitud lo que había en ese momento que te dio energía, y como resultado, vas a tomar decisiones más firmes sobre tu carrera y tu vida.

Por ejemplo, cuando Anna (papel principal: consejera) estaba tratando de descifrar lo que debía hacer con su vida, hizo el equivalente físico a lo que acabo de pedirte que hagas. Anna se sentó con sus cajas de recortes, los sacó uno por uno, y le prestó atención a cada uno. Ella miró el contenido de los recortes, lo leyó, pensó acerca de eso, dejó que la mente vagara desde el artículo hasta el recuerdo de dónde estaba cuando lo recortó y por qué se había interesado en eso en particular, y entonces, si no surgían más detalles, dejaba a un lado ese artículo y seguía con el próximo. Cada recorte le sirvió de señal emocional, de pulso de energía, y esto despertó en ella una serie de asociaciones mentales. Era como si hubiera estado siguiendo una de esas asociaciones hasta llegar al recuerdo del kiosco de revistas de su universidad. Comenzó con esta escena mental, lentamente ensanchó su foco y fue agregando detalle tras detalle: «Solía comprar la revista *Hollywood Reporter* todas las semanas. Iba directamente a la parte de atrás de la revista. Me encantaban los artículos que describían la forma en que se desarrollaban los detalles complejos». Hasta que llegó a su descubrimiento: «Me da energía lo que sucede tras bastidores. Debo buscar trabajo en esa área».

Este no era su destino. No era un sueño que había tenido desde que era una niñita. Fue una elección de carrera compaginada al prestar atención a la forma en que algunos momentos específicos la habían hecho sentir.

Mirando hacia atrás, su decisión por una carrera parece inevitable. «Por supuesto que Anna debe ser agente de artistas. ¡Nació para eso!» Y desde afuera tal vez la mires y pienses: *Tiene tanta suerte. Ese trabajo es el ideal para ella. ¿Cómo encontró ese trabajo?*

Pero nosotros sabemos la verdad. Anna no «encontró» ese trabajo perfecto. Ella lo construyó, usando, como sus ladrillos de construcción, su comprensión detallada de unos pocos momentos intensos en su vida.

Candace Nelson hizo lo mismo. Candace (papel principal: motivadora) es dueña de una compañía llamada *Sprinkles*. Hacen pasteles individuales o *cupcakes*. Solo *cupcakes*. Estos pastelitos son muy lindos, frescos y ridículamente tentadores. Si pasas en tu automóvil por su tienda cualquier día, verás una larga fila fuera de la puerta. Realmente, todos los días, a cualquier hora, ves esto y piensas: *¿Realmente? ¿Esa gente está tan desesperada por un cupcake a las 11:07 de la mañana un martes, que está dispuesta a estar en esa cola por veinte minutos?* Aparentemente sí lo están. De una tienda en Los Ángeles, ahora tienen sucursales en Newport Beach, Dallas, Scottsdale y Palo Alto, lugares donde pasan tiempo libre algunas personas famosas y donde inversionistas hacen su propia fila, ofreciendo financiamiento y oportunidades de franquicias.

Cómo desarrollar intenciones de los momentos intensos

Desde afuera, Candace se parece mucho a Anna. Un trabajo perfecto, una vida perfecta. ¿Cómo encontró esa vida? Al igual que en el caso de Anna, su historia es mucho más interesante si conocemos los detalles.

Candace no se convirtió en cocinera enseguida que salió de la universidad. En cambio, después de graduarse de Wesleyan, trabajó en un banco de inversiones en el programa de financiamiento para corporaciones. ¿Por qué? «Ahora me resulta difícil de explicar», admite ella. «¿Quería echar los cimientos de mi carrera de manera apropiada? ¿Quería hacer lo que mi padre quería que hiciera? ¿Quería probarles a los hombres en la industria banquera que era lo suficientemente inteligente como para "jugar" en sus términos? Todo lo anterior».

Sin embargo, muy pronto se dio cuenta que había cometido un error. «Otras personas tienen el cerebro programado para las finanzas y los números», comentó. «Mientras que yo tenía que estudiarlos y machacarlos». Tuvo éxito, pero admite: «No es la forma en que me trabaja el cerebro». Al final de dos años muy agotadores, y a pesar de que le iba lo suficientemente bien como para avanzar, Candace supo que tenía que dejar el trabajo.

Esto sucedió en el tiempo cuando la ciudad de San Francisco estaba prosperando mucho con compañías de alta tecnología y de Internet. Candace vio una oportunidad, así que trabajó en una compañía relacionada con el desarrollo de negocios. Le gustaba esa cultura, pero algo la estaba molestando. ¿Por qué estaba trabajando para una compañía, cuando varias de sus amigas estaban comenzando sus propias empresas y tenían mucho éxito? Tenía temperamento de empresaria. ¿Acaso no podía hacer lo mismo? Algo no le asentaba bien con eso de trabajar en una cultura corporativa, y además, la compañía no estaba marchando muy bien. Así que Candace renunció a su trabajo.

¿Y ahora qué? Candace no quería caer en otro trabajo que no fuera para ella, pero no sabía qué trabajo era el apropiado.

«Tomé todos esos exámenes para ver cuál es la carrera básica y recibí mucha información, pero prácticamente no descubrí nada que me ayudara a encontrar la carrera para mí. Estaba comenzando a preocuparme. Se me estaba acabando el dinero, y con la caída del periodo especulativo de principios de este siglo, todo el mundo se estaba yendo de San Francisco. Para arrendar un trailer para mudarte, tenías que anotarte en una lista con un mes de espera».

Un día, hablando con su madre, Candace le preguntó cómo había sido ella de niña, y su madre comenzó a hablarle de las veces que habían salido de viaje, y que en lugar de visitar museos, visitaban las pastelerías locales. Candace recuerda: «Ella se estaba riendo acerca de eso, lo gracioso que era que visitábamos pastelerías y no museos. Y mientras ella reía, yo regresé a ese pasado por un momento. Estaba recordando aquellos deliciosos aromas. La vainilla, el chocolate, el pan recién horneado. Y…» Ella hizo una pausa en el teléfono mientras hablábamos, buscando la forma correcta de describirlo. «Una puerta se abrió dentro de mí. El recuerdo de aquellos lugares, la comida, el gusto, el vínculo con mi mamá. No fue un gran chispazo de discernimiento, sino que mientras más pensaba en todo aquello, más puertas se abrían en mi mente. Pasé de un "callejón sin salida" a una "puerta abierta" gracias a un recuerdo».

Candace encontró una escuela de cocina local, y allí, con sus sentidos aguzados, las señales se hicieron todavía más específicas.

«Descubrí, mientras limpiaba las entrañas de no sé qué ave, que a mí no me gustaba cocinar. Me encantaba *hornear*, y todo lo relacionado con eso. La fragancia y la textura de los ingredientes. El lado agradable, creativo, de hacer feliz a la gente. Hasta la "ciencia" de hornear me gustaba. El hecho de que tomas esos simples ingredientes y cinco minutos después están mezclados, y quince minutos después ves que el pastel está subiendo en el horno. Puedes ver el cambio que está sucediendo, de harina y huevos y mantequilla y el color, y terminas con esto... la creación. Me fascinaba. De seguro, que si alguien hubiera ofrecido una clase sobre "la ciencia de hornear", me hubiera anotado en un segundo».

Candace comenzó un mini negocio en su cocina, perfeccionando sus destrezas, refinando su arte culinario, entendiendo el mercado. Y luego, cuando todo marchó bien, comenzó a investigar en el vecindario buscando el lugar apropiado para abrir una tienda. Como San Francisco todavía estaba atravesando por muchos problemas, Candace se mudó a Los Ángeles y así nació *Sprinkles.*

«Y claro que he pasado dificultades», dice ella. «La agobiante sensación en la boca del estómago de estar arriesgando los ahorros de toda tu vida. La preocupación de mudarme a una ciudad donde todo el mundo está muy consciente de lo que come. La aparente imposibilidad de persuadir a un propietario de que una tienda de *cupcakes* podría sobrevivir el tiempo suficiente como para pagar el alquiler. Las vacaciones que no me pude tomar, el haber desaparecido de San Francisco, las llamadas a amigos que no pude devolver, el temor de que esto resultara ser un error terrible, ingenuo». Sí, Candace tuvo que soportar todo eso; sin embargo, al escucharla ahora realmente te das cuenta que más que «soportarlo», en realidad salió fortalecida de todo esto.

«Una vez comenzamos, pareció que toda la resistencia desapareció. O tal vez fue que *mi* resistencia desapareció. No sabía dónde terminaría todo aquello, pero sí sabía en dónde nacía. Sabía dónde había empezado. Y tenía fe en ese comienzo».

Anna y Candace hicieron sus elecciones de la misma manera. Aquietaron la mente: Anna leyendo sus recortes, Candace riendo con su madre. Recibieron las señales que les enviaba la vida. Investigaron los detalles de esas señales: Anna con el descubrimiento de que siempre iba primero a la parte de atrás de la revista *Hollywood Reporter*, y Candace al descubrir que le encantaba hornear, no cocinar. Y solo entonces, ambas transmitieron las señales al mundo en la forma de acciones, metas y planes. Y debido a que ambas, Anna y Candance construyeron sus intenciones basadas en momentos intensos, esas intenciones tenían la garantía de ser de la clase en la que se puede confiar.

Mirando hacia delante, esta es la manera en que tú harás las elecciones en la vida: prestarás atención a tus emociones, abrazarás los papeles principal y secundario que desempeñes, buscarás los momentos vívidos que hacen que esos papeles sean únicos para ti, y luego tomarás las decisiones correspondientes.

LECCIONES IMPORTANTES DE ESTE CAPÍTULO

- **La vida te presenta muchos momentos.** Algunos te fortalecen, otros no. Toma el test «Una mejor vida» y compártelo con otras personas. Este test te puede ayudar a silenciar el «ruido y la bulla» en tu vida y a señalar tus momentos más intensos.

- **Aprende a aquietar la mente y a recibir las señales emocionales que la vida te está enviando. Solo entonces comienza a transmitir al mundo tus planes, tus metas y tus sueños.**

- **Mira los momentos que te debilitan por lo que son, toma su poder con seriedad y prométete que vas a actuar para quitarlos de tu vida.**

- **No «hagas más para sentir más».** Terminarás sintiendo menos.

- **Para señalar con detalles vívidos los momentos intensos de tu vida después de haber tomado el test «Una mejor vida», haz el siguiente ejercicio:** toma una libreta y traza una línea perpendicular que divida una hoja en dos. En la parte de arriba, a la izquierda dibuja un signo de suma (+) bien grande, y en la parte derecha, dibuja un signo de resta (-) grande. Lleva la libreta contigo a todos lados y cada vez que sientas que estás viviendo un momento exitoso, en la corriente, en control, energizada, escríbelo en la columna que tiene el signo de suma. Escríbelo en ese momento y allí; no esperes hasta el final del día o de la semana; no vas a ser lo suficientemente específica. Cada vez que sientas lo opuesto (que no tienes éxito, que no te puedes concentrar, que no tienes control, que sientes pánico), escríbelo en la columna que tiene el signo de resta. Después de que hayas hecho esto durante dos semanas, lee ambas columnas y selecciona dos momentos intensos de cada aspecto de tu vida. Escribe cada uno de estos momentos intensos y mantén eso en un lugar seguro (un cajón de la mesita de noche, tu diario, en tu computadora).

- **Presta mucha atención a los detalles pequeños.** Fíjate en ellos para que te guíen. Una forma de identificar esos detalles es mirar tu calendario y marcar con una «F» por fuerte, y con una «D» por débil, al lado de cada actividad de la próxima semana. Después de que cada actividad ha tenido lugar, revísalo para ver si tu predicción fue correcta. Si no lo fue (si una «F» fue una «D», o viceversa), toma algunos momentos para indagar en los detalles que marcaron la diferencia.

- **Para encontrar la carrera correcta, mira hacia atrás.** Lee tus diarios del pasado. Mira en tus cajas de artículos y de fotos. Pregúntale a tu mamá cómo eras cuando niña. Visualízate en el patio de recreo de tu escuela primaria. Comienza con un detalle claro del que estás segura, y luego, lentamente aumenta el foco de tu lente.

ACEPTA LO QUE DESCUBRAS

¿Cómo puedes honrar tu verdad?

Lo que es realidad muy difícil y realmente maravilloso,
es dejar de tratar de ser perfecta e iniciar la obra de
ser tu misma.

—ANNA QUINDLEN (nacida 1953), autora y periodista estadounidense

Buscas tus momentos intensos, no para cambiarte a ti misma, sino porque esos momentos te guiarán a hacer mejores elecciones. Buscas los momentos intensos porque de todos los elementos de tu vida —tus metas, tus sueños y aun tus relaciones— son en los que más puedes confiar. Buscas tus momentos intensos porque en ellos encontrarás tu verdad.

Y esta verdad es una medicina poderosa. Te puede liberar de la confusa y abrumadora ilusión de pensar que tienes miles de posibles elecciones «correctas». No las tienes. Fíjate detenidamente y verás que en realidad solo unas pocas elecciones honran tu verdad. Esas pocas elecciones son las que debes hacer. Y cuando lo haces, será en la confianza de que estás siendo fiel a la parte más cierta y real de ti. La aceptación de quién eres te cura del exceso de elecciones.

Maravillosa esta medicina, ¿no te parece?

Y sin embargo, esta verdad solo puede hacer el milagro si realmente aceptas lo que descubres. Como sin duda has experimentado, esto fácil de decir y difícil de hacer.

¿Qué te detiene?

Mira a tu vida pasada. ¿Hay algún momento en el que rechazaste lo que sabías que era verdad sobre ti? ¿Tiempos en los que escuchaste una vocecita que te hablaba, pero diste vuelta a la cabeza, y prestaste más atención a las voces de otros? ¿Y hasta momentos en los que deliberadamente ahogaste esa voz con tus propios gritos y razones?

Cuando lo hiciste, ¿por qué lo hiciste? ¿Por qué no pudiste aceptar tu verdad, hacer tu elección y seguir adelante? Veamos algunas razones posibles.

«Tengo miedo de adónde me puede llevar esto»

¿Fue porque no te gustaba adonde te guiaba esta verdad? Ese temor de adonde-me-puede-llevar-esto ciertamente retrasó a Carla. Aun después de que se las arregló para identificar ciertos momentos intensos en su vida, no los aceptó completamente porque sabía que la llevarían a una conversación difícil con su esposo, una conversación llena de riesgos, una conversación que ella no sabía cómo encarar sin sonar como alguien que se está quejando. Así que no tuvo la conversación.

¿Hacia dónde te lleva tu verdad? ¿Te lleva a dejar una profesión en la que ya has invertido miles de dólares, o que requiere que ganes mucho menos dinero, o que te mudes a otra parte del país, o que regreses al trabajo cuando tus hijos son todavía muy pequeños? No es de sorprenderse que evites esa conversación. Sus consecuencias parecen ser muy imprácticas, demasiado destructivas para tu estilo de vida. Es más fácil pasarla por alto, posponerla, esperar un tiempo más conveniente.

«Estoy muy consciente de mis deberes»

Tal vez el problema no sea adónde te lleva la verdad. Quizás sean otras personas. Lo que otra gente espera de ti puede ser extraordinariamente persuasivo. Y dañino. No es que ellos quieran dañarte. Es que tienen expectativas acerca de ti, y tú te dejas llevar por esas expectativas, hasta que llegas a creer que *sus* expectativas son *tu* verdad. Eres una persona muy consciente de tus deberes.

Hace un tiempo atrás estaba dando una presentación a un grupo de doscientos alumnos de postgrado en la Escuela de Administración de Empresas Kellogg de la Universidad Northwestern. La presentación había terminado y estaba mirando alrededor del oscuro anfiteatro a ver si alguien tenía preguntas. Una persona levantó la mano en el fondo del salón.

«¿Qué puedo hacer con mis debilidades?», preguntó la persona. «Tengo una debilidad particular que arruina todo lo que hago. ¿Cómo me puedo desenvolver alrededor de ella?» La voz era de una mujer joven. Podía ver su silueta, medio agachada en su silla, con una libreta de notas blanca en su regazo.

Me han formulado esta pregunta muchas veces antes, y he escrito sobre ella en mis libros anteriores, así que, sin problema alguno, repetí una respuesta familiar.

«Bueno, en primer lugar, puedes dejar de hacerlo y ver si a alguien le importa, o aun si lo nota, pero antes de hacer ninguna cosa, prueba esto. En segundo lugar, puedes tratar de formar un equipo con alguien que es fuerte en la misma actividad que te debilita a ti. En tercer lugar, puedes continuar ofreciendo tus fortalezas y ver si *lo mejor* de tu trabajo gradualmente se convierte en *la mayor parte* de tu trabajo. O finalmente, trata de mirar tu debilidad desde una perspectiva diferente, una perspectiva que te fortalezca: si te gusta servir a los clientes, pero odias participar en reuniones, trata de ver la forma en que la reunión puede resultar en un mejor servicio a tus clientes. Tal vez las reuniones nunca serán tu fortaleza, pero por lo menos no te agotarán tanto».

Ella me escuchó con cortesía, pero me di cuenta que mi respuesta no la había ayudado —ni se sentó más erguida ni escribió en su cuaderno de notas. No demostró desinterés ni rechazo; simplemente necesitaba que le diera una respuesta diferente. Probó de nuevo.

«¿Qué sucede si tu debilidad es una parte tan grande de tu vida que no puedes dejar de hacerla, y no te puedes unir a nadie para que te ayude, y no puedes encontrar una perspectiva mejor sobre ella? ¿Qué haces entonces?»

«¿Qué tanto ocupa esto en tu vida?», le pregunté tratando de entender de lo que hablaba.

«Es algo constante», me respondió. «En mi hogar. Cuando estoy conduciendo hacia la universidad. En la clase. Está presente virtualmente todo el tiempo».

No hay mucho que puedas decir sobre esto, hablando teóricamente, así que no traté. Me bajé del escenario, caminé lentamente por el pasillo hacia ella y le pregunté: «¿Estás dispuesta a compartir conmigo cuál es realmente esta debilidad?»

No me dijo nada.

Continué caminando, y cuando estaba a medio camino hacia el escenario, me dijo: «No sé leer».

«¿Qué has dicho?» Y me detuve.

«No sé leer. Sufro de dislexia severa».

Liberada por su admisión, esta joven nos contó su historia en pocas pero intensas palabras. Acababa de completar su segunda maestría y estaba haciendo planes para regresar en el otoño para comenzar su doctorado. Tenía una idea muy buena para su tesis: «Pero no creo que pueda hacerlo. Tanto mi madre como mi padre son profesores de universidad y sé que quieren que siga en sus pasos. Y yo también lo quiero. Me encanta hacer investigaciones y estudiar. He luchado con esta dislexia toda mi vida. Aun rehusé la dispensación especial de tiempo que les dan a los alumnos disléxicos cuando tomé mis pruebas para admisión a la universidad. No iba a dejar que esto me derrotara».

Silencio absoluto, todos esperábamos, sabiendo que la había derrotado.

«Pero estoy tan cansada. Cada libro, cada periódico, cada artículo en Internet. Aun los letreros de las calles. Cada palabra escrita me agota.

Un silencio más corto.

«No creo que pueda continuar con esto».

Tal vez sepas cómo se siente ella. Has escuchado más atentamente las voces de otras personas de lo que has escuchado la propia, y, con todas las mejores intenciones del mundo, has permitido que tu vida se convierta en una expresión de sus expectativas. Puede funcionar por un tiempo, aun un largo tiempo, porque tu sentido de obligación te provee propósito y dirección. Pero al final, la verdad de quién eres se levanta y se subleva contra la vida que estás viviendo. Y resulta tan agotador tratar de ahogarla, mantenerla abajo, hasta que finalmente la superficie se agrieta y sale a la luz.

«Ya no puedo seguir haciendo esto».

Afortunadamente para esta joven, le pude sugerir una posible solución. La *American Dyslexia Association* [Asociación Americana para la Dislexia] provee un servicio que ofrece miles de libros de texto y artículos en grabaciones. Sin tener que preocuparse por leer, esta joven podía continuar sus estudios sin la carga de la palabra escrita. O podía escoger llevar su vida en una dirección diferente. Pero cualquiera que fuera su elección —y no sé cuál escogió— por lo menos ahora podía hacer la elección de su vida basada en su *verdad*, no la de sus padres.

«Soy ambiciosa»

Una razón final por la cual aceptarte a ti misma puede ser tan difícil es que la verdad que descubres va en contra de lo que siempre has creído sobre ti misma. Esto tal vez sea lo más difícil de todo, porque ambas voces, la voz que te lleva a equivocarte, y la voz que te dice la verdad vienen de tu interior. No existen obstáculos *prácticos* para aceptar la verdad acerca de ti, y nadie a tu alrededor te está empujando a aceptar *su* verdad. Se trata simplemente de ti. Has elegido cierta identidad para ti misma, y la verdad que ahora has descubierto contradice esa identidad. Estas son noticias impactantes, desagradables, que no reciben de buen grado. Así que lo ahogas con tu ambición y con tus sueños y con el puro ritmo de tu vida, y andas como loca, hasta que un día, en forma inesperada, te detienes.

Tal vez hayas visto esto en tu vida o en la vida de algunas de tus amigas. Yo lo vi en la vida de mi hermana. Desde que me puedo acordar, Pippa (papel principal: creadora) quería ser bailarina clásica. Sé que este es un sueño grandioso, y es justo decirlo, un sueño cliché. ¿Cuántas niñas de cinco años se ponen un traje de bailarina y dan volteretas en su dormitorio? Pero para mi hermana, era un sueño realista. A muy temprana edad, Pippa descubrió que podía bailar. No solo moverse al compás de la música, sino bailar como si su espíritu siempre hubiera sabido hacerlo. Ella iba dando saltitos de camino a su clase de ballet todas las tardes, y luego, a los trece años, a la academia Royal Ballet Boarding School, donde años de ejercicios en la barra, coreografía, y clases de movimiento la prepararon para graduarse de la compañía Royal Ballet, y convertirse en profesora de ballet clásico inglés.

El problema de Pippa era que una bailarina de ballet inglés clásico, la bailarina que podía obtener el papel principal en *El lago de los cisnes*, o en *El cascanueces*, tenía que hacer cuatro piruetas hacia la izquierda y cuatro hacia la derecha, y luego volver a repetir el movimiento una y otra vez. Y Pippa no podía hacerlo. Podía hacer tres sin problema, tres hacia la izquierda y tres hacia la derecha, pero no cuatro. Tenía años de práctica y mucho talento, pero aun así no podía hacer lo que se necesitaba para sobresalir en la carrera que había escogido.

Y no me malinterpretes, a ella todavía le encantaba bailar, y de hecho, durante sus años en la escuela, había descubierto que no era simplemente una «bailarina». Era un cierta clase especial de bailarina, una bailarina lírica, bendecida con brazos expresivos, que tenía más gracia que condiciones atléticas. Y en cierta medida, estaba consciente de esa distinción. Nunca se sintió atraída al repertorio del ballet clásico y esto nunca la entusiasmó de la forma en que la entusiasmaba el ballet moderno. Y sin embargo, a pesar de esta certidumbre, no podía olvidar su sueño. Ella dejó la Royal Ballet y se mudó a la compañía German State Ballet en Munich, con la esperanza de que sería promovida con más rapidez del cuerpo de ballet a las solistas. Después de todo, ella es una luchadora incansable. Sin embargo, todavía le resultaba difícil, como si estuviera luchando contra una resistencia invisible.

Y luego, finalmente, la gran oportunidad. Le dieron el papel de Aurora en una producción de Navidad de *La bella durmiente*, su primer papel como solista.

Me estaba preparando para ir a Alemania y ver su actuación, cuando recibí la noticia: Pippa se había enfermado.

«¿Qué le pasó?»

«No estoy segura», me dijo mi madre por teléfono. «Está muy cansada; no tiene energía. La voy a llevar de vuelta a Londres».

«¿Quieres que vaya contigo?»

«No, no está bien. Está simplemente cansada y triste, como te puedes imaginar».

Así que mi madre la llevó de vuelta a Londres y la acostó en una cama plegable en la sala. Y Pippa, la persona en mejor estado físico y más fuerte que jamás he conocido, no salió de la cama por un año. Lo llaman el «síndrome de fatiga crónica». Y como con todos los síndromes, no tenía causa, ni patología subyacente, por lo menos nada que los doctores pudieran ver. Era solo una cantidad de síntomas físicos, que la agobiaron, la agotaron, que echaron a perder sus días.

El ejemplo de Pippa es uno extremo. Igual que el de la estudiante de la Universidad Northwestern. Y el de Carla. Pero sus ejemplos revelan un hecho de la vida: sin importar lo difícil que resulte aceptar la verdad sobre ti, debes escoger aceptarla. Si no lo haces, tu verdad te va a obligar a hacerlo. Es implacable.

¿Cómo puedes hacer esto? A pesar de los obstáculos prácticos, las expectativas de otras personas, y la pasión de tu ambición, ¿cómo puedes aceptar lo que descubres?

Ten confianza

Comienza confiando que por un margen considerable, tú eres la mejor juez de tus fortalezas y tus debilidades.

Esto no suena correcto cuando lo lees, ¿cierto? Has sido criada pensando que tus autoevaluaciones no son confiables, que si en realidad quieres saber quién eres y lo que eres capaz de hacer, debes recurrir a otras personas. Personas como tus padres, tus maestros, tus amigos y tu jefe. Esas personas son objetivas y son tu mejor juez.

Vamos a desarmar esa noción de una vez por todas. Ciertamente otras personas pueden juzgar tu desempeño mejor que tú, pero tu desempeño no es lo mismo que tus fortalezas y tus debilidades. En forma más específica, tus fortalezas no son lo que haces mejor y tus debilidades no son lo que haces peor. Piensa en esto por un minuto. ¿Acaso no hay ciertas actividades en tu vida en las que eres una experta pero que te aburren tremendamente? Debido a que tienes motivación, y eres responsable, puedes hacer esas actividades; de hecho, las haces tan bien que otras personas han llegado a depender de ti para que las hagas. Y hasta es posible que te hayan «encasillado» en ellas, pero serías muy feliz en un mundo en el que nunca más tuvieras que hacerlas.

Piensa en una o dos de estas actividades... actividades en las que eres competente pero que te agobian.

Ahora que estás pensado en ellas, ¿cómo te sientes?

¿Qué sucede si te digo: «Mañana vamos a pasar toda la mañana buscando maneras de que hagas mejor esas actividades?» ¿Cómo te sientes ahora?

¿Qué ocurre si te digo: «Como haces tan bien esas actividades, vamos a reorganizar todo para que puedas pasar la mayor del tiempo de esta semana haciendo solo eso»? Y ahora, ¿cómo te sientes?

Te sientes horrible, ¿cierto? Porque esas actividades no son fortalezas. Son debilidades. La definición apropiada de una debilidad es «una actividad que te hace sentir débil». No importa lo destacado que sea tu desempeño, si la actividad te agobia, te aburre, o te hace perder la concentración, es una debilidad. El pensamiento de aprender a hacerla mejor no te produce ninguna emoción, y la posibilidad de tener que hacerla por mucho más tiempo sencillamente te paraliza de miedo. Es una debilidad. Te debilita.

Como le dije a la estudiante graduada de la Universidad Northwestern, hay muchas cosas que puedes hacer para manejar una debilidad, pero sin importar lo bien que lo puedas desempeñar, si te agobia, por favor, no la llames una fortaleza.

Una fortaleza es «una actividad que te hace sentir fuerte». Es una actividad que al realizarla, te vigoriza. Antes de llevarla a cabo, sientes ansias de realizarla. Mientras la haces, no luchas para concentrarte, sino que en cambio estás tan absorta en esa actividad que el tiempo vuela y te pierdes en el momento presente. Y cuando terminas, te sientes auténtica, conectada a las mejores partes de quién realmente eres.

Claro está, es posible que antes de comenzar a hacer esa actividad sientas una punzada de ansiedad: «¿La haré tan bien como sé que puedo hacerla? ¿Alcanzaré mis expectativas?» Pero cuando la terminas, no sientes el alivio como diciendo «¡Gracias a Dios que terminé!». En cambio, sientes un pequeño entusiasmo, un chispazo de emoción, y te sorprendes preguntándote: «¿Cuándo voy a tener la oportunidad de hacer esto otra vez?»

Lo que significa esto es que *tú* eres la mejor persona para juzgar tus fortalezas. Nadie sabe mejor que tú qué actividades son las que ansías hacer, qué actividades son las que hacen que el tiempo vuele, qué actividades te dejan con una sensación de que «todo está bien en el universo». La gente puede juzgar tu desempeño mejor que tú, pero no saben la forma específica en que te hace *sentir* cada actividad. Eso lo sabes tú, y como dije antes, esos sentimientos sí son confiables. Estos sentimientos son verídicos. Tú, de toda la gente, eres la persona más confiable para determinar qué actividades te hacen sentir fuerte.

Sé audaz

La aceptación no es resignación. Aceptar lo que has descubierto no quiere decir que te vas a conformar por menos en la vida. No significa que no puedes tener la vida que quieres. De hecho, significa completamente lo opuesto. Cuando aceptas lo que has descubierto, te das cuenta con exactitud *cómo* puedes tener la vida que quieres.

Aceptar lo que has descubierto significa ser audaz. Quiere decir que una vez que has identificado tus fortalezas, las tomarás en serio.

Puede ser una acción dramática, que cambia la vida, como la que tomó Candace cuando arriesgó todo por su negocio de pastelería. Pero no tiene que ser así—ser audaz no significa ser imprudente. Puedes comenzar de a poco, si quieres, y encontrar una forma nueva de contribuir a una fortaleza esta semana, y muy pronto verás que el mundo se reordena para acelerar y aumentar esta contribución. Tal vez no suceda de inmediato, pero a medida que tu apetito te impulsa a seguir actuando en reconocimiento de tu fortaleza, sentirás que el mundo comienza a inclinarse gradualmente en tu favor, hasta que te encuentres corriendo a toda velocidad colina abajo.

Esto fue lo que descubrió Margret Meadows. Margret (papel principal: maestra) comenzó su carrera en el departamento de ventas en la industria de servicios financieros y tuvo bastante éxito en eso, pero cuando estaba embarazada de su primer hijo, decidió que era hora de dejar ese trabajo. Eso pareció ser lo correcto, especialmente cuando otro bebé siguió pronto al primero. Sin embargo, no pasó mucho tiempo antes de sentirse aislada, encerrada en una casa con dos niños. Margret es una persona que necesita estar rodeada de gente, así que comenzó a buscar una oportunidad de hacer algo productivo con otras personas.

Ella escuchó de una mujer que vivía al otro lado de la ciudad que hacía vestidos bordados. Y pensó que tal vez esa era una posibilidad. Su madre había sido una modista de mucho talento; no había razón por la cual ella no se destacara también en eso. Así que Margret dio un pequeño paso. Comenzó a tomar lecciones. La mujer de aquel negocio era muy talentosa, aunque a veces un poco exigente cuando se trataba del bordado tipo «nido de abeja». Ante esto, Margret se vio obligada a confesar que ella no estaba progresando tanto como había esperado. Aquello era frustrante. Ella practicaba como una demente y seguía las instrucciones de su instructora de bordado con diligencia, pero no estaba viendo mucho progreso.

Esto no es un desastre, pensó. *Lo estoy haciendo porque me siento aislada. Pero aun así, me molesta. Mi mamá se destacaba en esto. ¿Por qué no puedo destacarme yo? Tal vez debería dejar esto y encontrar otra cosa que hacer con las noches de mis martes.*

Y entonces, una noche, mientras iba en su automóvil, parada en el tránsito, preguntándose otra vez por qué estaba atravesando la ciudad de Nashville para someterse a sí misma a las críticas de su gruñona maestra, Margret se dio cuenta de la razón por la que continuaba yendo a las clases: no era en realidad el hecho de bordar; sino el desafío analítico de separar una tarea compleja, en este caso, el bordado, en las partes que la componen. *A la verdad que es muy raro que algo así me emocione,* pensó. Pero mientras más batallaba con eso, tanto más irresistible se hacía: «Me encanta cuando puedo disecar una destreza en sus partes más pequeñas, y luego reconstruirla en la destreza completa».

Entonces, se le «encendió el bombillo»: *Tal vez pueda organizar una clase en mi casa y enseñar a bordar a un par de amigas.* Tanto la mente como las posibilidades se abrieron un poco más: *Entonces podríamos pasar tiempo juntas y no me sentiría tan aislada. Sería algo que esperaría con entusiasmo.* Y más: *Y podríamos hacer ropa bonita para nuestros hijos y ahorrar dinero.*

Así que eso fue exactamente lo que hizo: organizó una clase para enseñar a bordar a sus amigas los sábados de tarde. Otro pequeño paso.

Ella lo hacía bien y le encantaba hacerlo. Y a sus alumnas —sus amigas— también les encantaba participar. Pronto la noticia se esparció, y antes de que se diera cuenta, a Margret la invitaron para que hiciera demostraciones en tiendas de telas con el propósito de aumentar el interés y la demanda.

Las lecciones en las tiendas marcharon bien... tan bien que lo siguiente fue que una revista de bordado, llamada *Sew Beautiful,* se puso en contacto con ella. «Nosotros dictamos sobre tejido y costura», le dijeron. «¿Por qué no se encarga usted de la conferencia del mes que viene en la ciudad de Birmingham? En lugar de estar frente a una clase pequeña, puede enseñar a tejer, a bordar y a hacer acolchados ante una audiencia de quinientas personas».

A Margret le pareció una excelente idea. ¿No sería bueno poder enseñarles a más personas, poder compartir estas destrezas con tantas personas como fuera posible? Así que fue a Birmingham, luego a Atlanta, y después a Orlando, y muy pronto estaba fuera de su hogar todos los fines de semana, enseñando en conferencias por todo el sur de Estados Unidos.

Y entonces (y hay muchos «y entonces» cuando estás viviendo una vida plena), una compañía italiana de máquinas de coser la descubrió. Ellos vieron lo eficaz que era demostrando tareas complejas, haciéndolas accesibles y divertidas a la gente, así que le presentaron una idea.

—¿Qué le parece si le pagamos para que haga demostraciones de nuestro producto? —le preguntaron—. Es una máquina fantástica. Usted le puede mostrar a todos en la conferencia la forma de usarla para hacer puntadas que parecen hechas a mano.

—Muy bien —dijo Margret—. Y firmó el contrato para ser su representante en Estados Unidos.

Muy parecido al caso de Candace, cuando Margret tomó su fortaleza con seriedad, el mundo se le abrió. Mientras que con Candace el cambio fue inmediato y dramático, para Margret fue en incrementos, una tarde aquí, un fin de semana allá, hasta que terminó siendo la representante de una de las compañías fabricadoras de máquinas de coser más grandes del mundo.

Tú descubrirás lo mismo. Aunque tus fortalezas pueden limitar tus elecciones, poco a poco van a expandir tu mundo.

Después de un año de estar enferma, finalmente mi hermana abandonó su sueño de ser una bailarina clásica solista. Su larga enfermedad le había dado tiempo para pensar profundamente en sus mejores momentos en el baile, y para convertirse cada vez más y más específica en esto de entender las fortalezas que tenemos. Pippa buscó la mejor compañía de ballet moderno del mundo, la Nederlands Dans Theatre, y solicitó una audición. Una audición llevó a dos, luego a cinco, y a una visita a la compañía en Holanda, y finalmente, a un contrato de un año. Ella se unió a la compañía y pasó los diez años siguientes, diez años maravillosos, llenos de desafíos, y sin el síndrome de fatiga crónica, expresando sus fortalezas singulares en la danza.

Hoy día, a los treinta y nueve años de edad, su carrera como bailarina ha terminado, tiene su maestría en arte y enseña ballet moderno en el instituto London School of Contemporary Dance.

La vida no le ha sonreído todo el tiempo, ni tampoco ha sido una vida singularmente glamorosa, no con dos hijos, un esposo que es coreógrafo, y con un apartamento en el sótano de una casa en Londres. Pero ha sido una vida plena, nacida de su disposición de aceptar su verdad y actuar sobre dicha verdad, aun cuando la guió a rechazar un sueño de toda la vida.

Sé afable

Cuando hablas con cualquier mujer feliz y exitosa, descubres que tiene fe. Las características específicas de la fe de estas mujeres varían, pero todas creen que, sin tener en cuenta lo difícil que pueda ser su situación, recibirán dirección sobre lo que tienen que hacer.

No, es más específico que eso. Es más acertado decir que todas creen que el *propósito* de su situación en la vida es enseñarles quiénes son y lo que ellas pueden ofrecer al mundo. Y nunca abandonan este propósito.

Tal vez estés de acuerdo con su perspectiva, o quizás lo veas como una racionalización. No importa. Habla con cualquier mujer feliz y exitosa, y lo vas a escuchar. No es una perspectiva pasiva. Ninguna de las mujeres que hemos visto hasta ahora podría ser acusada de ser pasiva. Es una perspectiva con esperanza. Es optimista. Es, a fin de cuentas, afable.

«Afable» en el sentido de que estas mujeres no se juzgan a sí mismas. No se la pasan pensando en lo que les ha tocado vivir, dando vuelta una y otra vez a los acontecimientos en su mente, cavilando en todos los «si hubiera...» o en los «qué rayos estaba pensando». En cambio son, y sé que esta selección de palabra puede parecerte extraña, afables. Sin importar su situación, buscan momentos intensos, y sea lo que sea que descubran, permiten que la energía de esos momentos entre a su vida y las guíe. Aun si eso las lleva a situaciones desagradables o difíciles, aun así permiten que las guíe.

En este sentido, se perdonan a sí mismas y son exigentes consigo mismas. Son tanto afables como decididas. En realidad, mientras más hablo con estas mujeres, más me convenzo de que esas dos características están conectadas: son decididas *porque* son afables.

Todas las mujeres que he conocido, Anna, Candace, Pippa, y aun, como verás al final del capítulo siguiente, Carla, comparten la misma perspectiva inconfundible. El escritor Max Ehrmann, en su poesía titulada «Desiderata», lo capta muy bien:

> *Más allá de una disciplina saludable,*
> *sé afable contigo misma.*
> *Eres una hija del universo,*
> *no menos que los árboles y las estrellas;*
> *tienes el derecho a estar aquí.*
> *Y ya sea que lo hayas captado o no,*
> *no dudes que el universo se está revelando como debe hacerlo.*

Esto puede parecer tolerante o fatalista en una poesía, así que para darte una idea de lo que es esta actitud afable pero disciplinada en el mundo en que vivimos, voy a terminar este capítulo con la historia de Diane. Como verás, cuando se enfrentó a una vida llena de confusión, el enfoque afable de Diane ante su propia situación la llevó a decisiones que muy pocos de nosotros tendríamos el valor de tomar.

Entre Cristo y la cruz

Diane despertó a las tres de la madrugada con una llamada de Brian, su esposo.

—Ha habido un error. Estoy en la estación de policía. ¿Puedes venir a buscarme?

No, ella no podía ir. Sus dos hijos pequeños, Stephen y Max, estaban durmiendo y ella no pensó que era apropiado despertarlos para llevarlos al centro de la ciudad. Así que llamó a una de sus amigas de la iglesia.

—Algo ha sucedido, no estoy segura qué. ¿Puedes ir a la estación de policía, averiguar qué es lo que pasa y traer a Brian? Yo estoy aquí con los niños.

—Por supuesto.

Una hora más tarde, el teléfono sonó otra vez. Era su amiga.

—¿Sacaste a Brian? —le preguntó.

—No, no lo pude hacer.

—¿Por qué no? ¿Qué está sucediendo?

—Es algo serio, Diane. La policía no lo quiere poner en libertad.

—¿Qué? ¿Por qué? ¡Él es pastor!

—Lo pescaron escapándose del apartamento de una mujer joven. Ella había sido violada. Creen que él lo hizo, y que lo ha hecho muchas otras veces antes.

Un hombre había estado aterrorizando a la ciudad durante todo el año. El hombre entraba por la fuerza en un apartamento, siempre el de una mujer joven, la mantenía cautiva durante dos horas, algunas veces más, y durante ese tiempo la molestaba o la violaba. Lo había hecho por lo menos diez veces en los últimos doce meses.

¿Brian, un violador en serie? *Qué locura,* pensó Diane. ¡Él era el pastor de una de las iglesias más grandes de la ciudad! ¡Estaba terminando su doctorado en teología! ¡Era el padre de Stephen y de Max! Una locura. De seguro que la policía había cometido un error terrible.

Pero no era así. Durante la primera semana en la cárcel, Brian proclamó su inocencia. Durante la segunda semana, admitió una violación, y luego para fines de la tercera semana las confesó todas. En una confusión de publicidad y lenguaje legal, fue sentenciado a diez cadenas perpetuas concurrentes, y, con velocidad vertiginosa, la vida como Diane la conocía, terminó.

Al hablar con ella, me cuesta imaginármela durante esas pocas semanas iniciales en desesperación. Hoy veo a una mujer sonriente y confiada, orgullosa de sus logros profesionales, y aun más orgullosa de sus dos hijos jóvenes. No hay ni vestigio de una tragedia en su pasado. Después que hablamos, yo busqué algunas señales, enojo, tal vez, soledad o culpa, pero no encontré nada. Solo un recuerdo, un recuerdo muy triste, pero no uno que la acosa todos los días. Ella se volvió a casar y yo me preguntaba: *¿Cómo es posible que hubiera confiado en alguien otra vez?* De su nuevo matrimonio, tiene una hija de doce años.

—Mi segundo esposo es el verdadero héroe en todo esto —me dice ella.

Tal vez. Ahora mismo la heroína me parece bastante impresionante.

—¿Qué hiciste en las semanas que siguieron a la sentencia de Brian? ¿Cómo te las arreglaste para siquiera caminar? —le pregunté—, tratando de imaginarme cómo cualquier persona en su situación podría tratar de entender todo eso. ¿Dónde comenzaste?

—Comencé con mi fe —me respondió Diane—. Hasta ese momento, era bastante ingenua y vivía protegida. Tenía una imagen mental de la forma en que mi vida se desarrollaría: Brian estaría ocupado en que la iglesia creciera, yo trabajaría, los niños tendrían una familia estable y amorosa, y todos adoraríamos juntos. Pero nunca había mirado más allá de esa imagen. Entonces me vi obligada a hacerlo, y, a medida que miraba a mi nueva vida, supe que tendría que hacer una elección: rechazaba mi fe o me consagraba a ella con diez veces más intensidad. O culpaba a Dios por lo que había sucedido o le pedía que me ayudara. Escogí pedirle ayuda a Dios, y él me ayudó. Me guió».

—¿Qué fue lo que te guió a hacer?

—Bueno, mi primer pensamiento fueron mis hijos. Cuando tanto de tu mundo se ha venido abajo, todo lo que te queda es el centro de lo que en realidad eres. En lo profundo de mi ser siento que soy maestra. Es lo que me encanta hacer. No a todos los padres les gusta enseñarles a sus hijos, pero para mí ese ha sido siempre uno de mis momentos más preciados. Así que me apoyé en eso y me pregunté: «¿Qué necesitan los muchachos aprender en un mundo sin padre?»

»La respuesta que me vino a la mente fue que ellos necesitarían ejemplos positivos de cómo es un buen hombre. Su padre había hecho muy malas elecciones, y muy pronto tendría que hablarles de él. Y cuando lo hice, ellos tenían nueve y siete años cuando les hablé, sabía que ellos me preguntarían por qué su padre había hecho esas elecciones, y más aun, si ellos tenían algo de su padre en sí mismos. Preguntas realmente difíciles. Pensé que si ellos tenían algunos ejemplos de la vida real de lo que hombres buenos hacían por sus familias, tendrían algo para contrarrestar todos los pensamientos negativos sobre su padre. Así que decidí que nos debíamos mudar con la abuela de él».

—Por favor, aclara. ¿*Con cuál* abuela?

—Con la abuela de Brian. La abuela de mi ex esposo. Nos mudamos con ella.

—¿Por qué con ella?

—Porque ella vivía muy lejos, entre los cosechadores de algodón en el norte de Louisiana. Los granjeros son hombres buenos. Viven una vida simple y trabajan duro. Era una pequeña comunidad, y yo esperaba que nos recibieran bien y que les enseñaran a mis hijos a ser hombres.

—¿Qué le pareció a la abuela?

—Ella estaba contenta porque la acompañábamos, pero fue difícil para ambas. La mayor parte de las noches, ella y yo nos sentábamos juntas para cenar, y ella me decía que Brian estaba enfermo, que en realidad no era culpa de él. De hecho, ella pagó por muchos exámenes para tratar de probar que se le había dañado el cerebro en una antigua herida jugando al fútbol. Y yo guardaba silencio, porque si hubiera estado en su lugar, sabía que también habría tratado de proteger a mi nieto.

—¿Cuánto tiempo te quedaste allí?

—Cinco años. Y aparte de aquellas conversaciones nocturnas, fueron años buenos. El granjero vecino y su esposa aceptaron a mis hijos y pasaron tiempo con ellos, inculcándoles un sólido sentido de la vida familiar.

—¿Y qué sucedió con tu matrimonio? ¿Te divorciaste enseguida?

—Bueno, no. Esa fue la otra gran decisión que tomé. Todo el mundo me decía que debía terminar mi matrimonio de inmediato, pero no lo pude hacer. Sabía que podría estar totalmente justificada si lo hacía, pero no quise dejar que la presión me guiara a hacer algo que no entendía.

»Aun en los confusos días después de la sentencia, me conocía lo suficientemente bien como para saber que siempre quiero respuestas. Me encanta aprender. O, en este caso, *necesitaba* saber. Necesitaba poder explicarme a mí misma lo que había sucedido. ¿Por qué violan los hombres? ¿Qué es eso exactamente? ¿Es sexo, violencia o poder?

¿Y qué parte había desempeñado yo en todo eso? Por supuesto que no había hecho de Brian un violador, sabía que ese pensamiento era absurdo. Pero aun así, estaba en el medio de la situación. Cuando me decía que tenía que salir a trotar tarde de noche después de trabajar en su tesis, ¿debía haber sabido que algo no estaba bien? ¿Podía haberlo detenido? ¿De qué otras claves no me había dado cuenta?

»Antes de divorciarme de él, quería respuestas. Así que leí libros que trataban sobre la violación. Entrevisté a víctimas de violación. Lo visité muchas veces en la cárcel, y le pregunté por qué lo había hecho. Eso me dio foco, un lugar para dirigir mi dolor y enojo».

—¿Qué aprendiste?

—Bueno, por supuesto que aprendí mucho acerca de la violación, que de lo que trata es de poder y control, no de relaciones sexuales. Y descubrí que estaba conectada a muchas otras mujeres. Cuando iba a visitarlo en la cárcel y veía a todas esas madres y esposas y hermanas que iban a visitar a esos hombres en sus vidas, me di cuenta que no era muy diferente a ellas, que todas caminábamos por el mismo sendero. Aquello me consolaba.

»Y aprendí la forma en que la gente se ayuda mutuamente. Vas a pensar que estoy loca, pero cuando Brian estaba en la prisión, él hacía pequeños artículos de cuero: cinturones, carteras, billeteras, y yo hacía pequeñas reuniones en mi casa para venderlos y así obtener un poco de dinero. Y todas mis amigas venían y los compraban».

—Eh, sí, eso suena un poco extraño —admití.

—Sí, lo era, pero me enseñó algo —dijo sonriendo—. Yo estaba un poco desorientada en aquella época. Me tomó algunos años darme cuenta que ninguna de mis amigas jamás usó lo que había comprado. Pensé: «Bueno, nunca la vi usar la cartera que compró la Navidad pasada».

»A veces soy un poco lenta —me dijo todavía riendo—. Aunque en realidad no entendían por qué todavía no me había divorciado de Brian, ellas querían ayudarme. Son personas maravillosas.

»Pero lo más importante que esto hizo por mí fue darme poder. Brian me había quitado el poder. Al regresar a mi amor por aprender, tomé ese poder de vuelta. Y un día, después de haberlo visitado en la cárcel, sentí que me inundaba una calma, y supe que estaba lista para sacar a Brian de mi vida. Nunca más lo volví a visitar.

»Comencé lo papeles del divorcio. Cuando llegó la fecha de la corte, fui con mi padre y mi hermano, y mientras estaba allí, mirando la lista de casos, tratando de ver qué sala nos habían asignado, vi el nombre de tres procedimientos de divorcio para aquel día. La lista leía: *Cristo vs. Cristo*; luego mi nombre, *Garvin vs. Garvin*; y finalmente, *Cruz vs. Cruz*.

»Llamé a mi padre para que viniera a mi lado y mostrarle que era verdad, y le dije: "¿Sabes, papá? No hay ningún otro lugar en el que preferiría estar ahora que este, entre Cristo y la Cruz"».

Quiera Dios que nunca estés en una situación tan horrible como esa. Pero sin importar las dificultades que enfrentas en la vida, sé afable contigo misma. Ten paz. Busca los pocos momentos intensos en tu vida, mantente cerca de esas pocas certidumbres, y permite que te guíen fuera del valle.

LECCIONES IMPORTANTES DE ESTE CAPÍTULO

- **Aceptar lo que descubres te libera de la ilusión de mil elecciones «correctas».** Solo unas pocas elecciones concuerdan con la verdad que has encontrado. Aférrate a esas.

- **Tus fortalezas son las actividades que te hacen sentir fuerte.** Tus puntos débiles son las actividades que te hacen sentir débil.

- **Confía en ti misma.** Eres la mejor jueza de tus fortalezas y tus debilidades.

- **Descubrirás tus fortalezas estudiando detenidamente los momentos intensos durante una semana regular de tu vida.**

- **Puede resultarte muy útil describir tus fortalezas en tus propias palabras.** Para captarlas, prueba el siguiente ejercicio: Comienza con un momento intenso y escoge el verbo: ¿qué estabas haciendo realmente? (Consejo: asegúrate de que el verbo sea algo que *estás* haciendo, y no lo que alguien te está haciendo *a* ti.) Luego avanza hacia el detalle de lo que estabas haciendo: ¿tiene importancia la persona con quien lo estabas haciendo? ¿cuándo estaba sucediendo? ¿cuál era el propósito? Usando el verbo que escogiste y los detalles que viste, escribe una clara Declaración de Fortalezas, comenzando con la frase «Me siento fortalecida cuando…». Una vez te sientas satisfecha

con una, escribe dos más. Estas declaraciones
de fortalezas escritas en tus propias palabras te
mantendrán enfocada y en buen camino cuando el
mundo te quiere llevar en diferentes direcciones.

- **Aceptación significa que vas a actuar, sin importar
si es algo pequeño.** Ofrece tus fortalezas al mundo
voluntariamente, y poco a poco, el mundo se va a
inclinar a tu favor.

- **Cuando enfrentes un contratiempo, se afable
contigo misma.** Fíjate en tu papel principal, tu papel
secundario o a tus tres declaraciones de fortalezas y
úsalas como mapa. Síguelas y estas te guiarán para
salir de cualquier dificultad en que te encuentres.

- **Mantén tu mente abierta a los momentos más
difíciles.** Estos pueden revelar con certeza dónde
radica tu mayor fortaleza.

PROCURA EL DESEQUILIBRIO

¿Cómo puedes crear una vida más plena?

Si miras lo que tienes en la vida,
siempre tendrás más.
Si miras lo que no tienes en la vida,
nunca tendrás lo suficiente.

—OPRAH WINFREY (nacida 1954), presentadora de televisión,
productora, filántropa

Cuando alguien te dice que trates de tener más equilibrio en la vida, tu reacción inmediata y apropiada es un espasmo de incredulidad: «¿Equilibrio?», te preguntas a ti misma. «¿Cómo funciona eso? ¿Para cada hora extra en el trabajo encontrar otra hora en el hogar? Por cada otro hijo en el hogar, ¿reducir mi carga de trabajo por el tiempo exacto que mi nuevo hijo requiere? Por cada obra de teatro escolar a la que debería asistir, ¿cortar una de las presentaciones que debo hacer en el trabajo? Por cada vez que digo sí a algo, ¿decirle no a algo más? ¿Se trata de eso?»

No, no se trata de eso. Por supuesto que no. El equilibrio sucede cuando los dos lados de una balanza tienen el mismo peso y se logra el equilibrio perfecto. A medida que tratas de equilibrar todas las partes diferentes de tu vida, descubres que hay un solo punto preciso en el cual los lados están perfectamente equilibrados, y que en todos los demás puntos la balanza está inclinada hacia un lado o el otro. Así es como sientes la vida la mayor parte del tiempo—un estado constante de inclinación, tambaleándote de un lado a otro, con el contenido de una parte de tu vida chapoteando y derramándose en otra parte. Te encuentras pensando en la fiesta de cumpleaños de tu hijo mientras estás enfrente de la copiadora. Te preocupas de cómo va a reaccionar tu jefe en cuanto al plan de mercadotecnia, el plan que le prometiste para el viernes, aunque sabías que no lo ibas a terminar, mientras conduces hacia el cine el sábado de noche. No puedes dejar de pensar acerca de la salud cada vez peor de tu madre cuando dejas a los niños en la escuela; y entonces, cuando estás en el trabajo, comienzas a preocuparte porque tu hija sacó una mala nota en su tarjeta de notas por el comportamiento que tiene en la clase.

Ignora el equilibrio

No es solo que el equilibrio entre el trabajo y la vida es prácticamente imposible de alcanzar, aun si pudieras manejártelas para obtener un estado perfecto de equilibrio, esto necesariamente no te haría sentir realizada. No hay nada en el «balance» en sí que te haga sentir realizada. Sí, el balance te da un fundamento firme, un sentido de estar en control de la vida, y cuando lo encuentras, estás lista para moverte. Y sin embargo no te estás moviendo. Cualquier movimiento implica una inclinación, un ladeo, un intento de alcanzar algo. El equilibrio es lo opuesto al movimiento. Cuando estás balanceada estás sin moverte, aguantando la respiración, tratando de que ningún tirón o sacudida pueda llevarte demasiado lejos hacia un lado o el otro. Estás parada.

No vale la pena luchar por este estado precario y sin movimiento. Es la meta incorrecta en la vida.

En cambio, lucha por la plenitud. No tienes cinco «yo» diferentes que puedes mantener separados. Tienes una vida. Una mente. Un corazón. Una copa, si quieres llamarla así. Tu desafío es no separar una copa de la otra, levantar límites entre ellas, y luego, de alguna forma, balancearlas todos. Tu desafío es mover la vida, inclinar la vida, desequilibrar la vida en forma intencional hacia esos pocos momentos específicos que van a llenar tu copa.

Cómo desequilibrar la vida en forma intencional

Para comenzar, en cada área de tu vida; tales como el trabajo, la familia, el matrimonio, la fe y las amistades, identifica por lo menos dos momentos intensos y escríbelos. En algunas áreas, tales como el trabajo o la familia, tal vez encuentres más de dos y está bien, fíjate cuidadosamente en tus papeles principal y secundario, haz la actividad de tomar notas que describí al final del capítulo 7, y luego escribe tantos como encuentres. En algunas áreas tal vez apenas puedas elegir dos: el área de la «salud», o tal vez, el área de «cuidar de mis padres». Pero de todas formas continúa buscando, porque en cada área debes poder desequilibrar la vida hacia por lo menos dos momentos intensos específicos.

Estaba entrevistando a alguien el otro día, y ella me preguntó:

—Si una parte de mi vida se desmorona, ¿afecta eso todas las otras partes?

—¿Qué quieres decir? —le pregunté.

—Bueno, el año pasado todo se descontroló en dos áreas de mi vida: mi relación con mi esposo y mi trabajo. Me sentí fracasada como esposa y como profesional. Así que me retraje y me retraje, volví a lo único que sabía con certeza: quería ser una madre fantástica para mi hija. Di todo para estar a su lado, la llevaba a la escuela, la recogía de la escuela, la llevaba a la clase de baile, practicaba con ella. Pensaba que si hacía rebosar esta parte de mi vida, se derramaría gota a gota para llenar las otras partes.

—¿Te dio resultado? —le pregunté.

—No. Me sentí muy bien como mamá, pero la fuerza que recibí de eso no pareció hacerme sentir mejor ni como esposa ni como profesional en el trabajo.

Esta mujer descubrió algo que tal vez ya has descubierto: la solidez en una parte de la vida no compensa por la debilidad en las otras. Si, como le sucedió a ella, algunas de tus responsabilidades comienzan a debilitarte, no vas a volver a obtener tu fuerza retirándote a una esfera de responsabilidad y llenándola hasta que rebose con la esperanza de que lo que caiga va a llenar el resto de tu vida.

Hay que reconocerlo: *cada parte de tu vida debe tener momentos intensos*. Sin esos momentos, vas a sentir menos y menos apetito para esta parte de tu vida, y así que, cualquiera que sea, el matrimonio, el trabajo, las amistades, vas a descubrir que le dedicas menos tiempo, que te sientes menos eficaz y que tienes menos control sobre ella. Con el tiempo, drenará la energía de las buenas partes de tu vida.

Así que detente, pasa inventario de cada responsabilidad que tienes en la vida, y haz lo más que puedas para encontrar por lo menos dos momentos intensos. Esos momentos no necesariamente tendrán el mismo poder en cada parte de tu vida —los momentos con tus hijos probablemente te llenarán la copa más que los momentos en el gimnasio (aunque tal vez no; todos somos diferentes). ¿Pero qué importa? Tú no necesitas equilibrio. Necesitas plenitud. Y cada esfera de tu vida necesita hacer su parte para llenarte la copa.

Una vez que has identificado esos momentos, actúa *deliberadamente* para crearlos. Esto puede ser tan directo como anotarlos en tu agenda para que puedas ponerlos en orden de prioridad y anhelar que lleguen. O puedes crear una rutina o ritual que llegue a ser parte de la estructura de tu semana. O puedes hacer un compromiso con tu esposo o con una amiga para que te hagan rendir cuentas en cuanto a hacer que estos momentos sucedan.

Luego, *investígalos*. Mira cada uno de ellos desde un nuevo ángulo, desde una nueva perspectiva. Cuando descubres algo novedoso en un momento intenso, descubrirás que no solo es más fácil continuar prestándole atención (los estudios demuestran esto hasta con bebés de seis meses de edad, la novedad atrae la atención) sino que también la novedad en sí es su propia recompensa. «Nunca había notado eso antes», pensarás. O, «no me había dado cuenta que...» y tu descubrimiento te deleitará. (Si necesitas inspiración, regresa a tu papel principal y secundario, y descubre si pueden ofrecerte un nuevo punto de observación ventajosa.

Y finalmente, en cualquier momento que ocurran, *celébralos*. Esto no necesariamente quiere decir vitorearlos, cantar y ponerse sombreritos de fiesta. El significado completo de *celebrar* es elevar algo para poder darle honor. Así que si hablas del momento con otras personas, lo estás celebrando. Si diseñas nuevas formas de hacerlo especial, lo estás celebrando. Si lo captas en una fotografía, un blog o un diario, lo estás celebrando. Si todo lo que logras es hacerte más consciente del momento cuando sucede, lo estás celebrando.

Por otro lado, si no puedes encontrar ningún momento intenso en un área particular de tu vida, tus alternativas se van reduciendo. Inicialmente, te alentaría a que sigas buscando algunos momentos intensos específicos, sin importar lo pequeños o insignificantes que puedan parecer al principio. Para ayudarte, revisa tu papel principal y secundario para ver si estos te revelan algún aspecto que hayas pasado por alto.

Si todo esto falla, tienes que encontrar una manera factible de reducir o hasta eliminar completamente esta parte de tu vida. Tal vez esto parezca socialmente inaceptable, y hasta que raye en imposible: «¿Cómo puedo siquiera considerar el dejar de jugar con mis hijos? ¿No es cierto que a todas las mamás les encanta jugar con sus hijos?» Pero, si realmente no puedes encontrar ningún aspecto que te fortalezca, necesitas encarar esta verdad y lidiar con ella. En el ejemplo citado, no significa que dejes de pasar tiempo con tus hijos. Lo que significa es que te confiesas a ti misma que no eres el tipo de mamá a la que le encanta tirarse al suelo y jugar horas muertas a estrellar carritos Tonka con tu hijo de tres años: tú no eres una motivadora. En lugar de esto, recluta a tu esposo o a cualquier otro miembro «juguetón» de tu familia para hacerlo, mientras que tú consigues tus ratos de placer maternales de otros tipos de momentos; por ejemplo, coordinando días de juegos con otros niños, o escuchando y calmando a tu hijo cuando este se siente vulnerable.

Actúa deliberadamente con respecto a estos momentos, y celébralos cuando suceden, y descubrirás que toda clase de cosas buenas comenzarán a suceder:

- *Vas a ahorrar mucho tiempo.* Las actividades que no te ayudan a crear estos momentos van a ocupar un lugar cada vez menos importante en tu lista de prioridades. Algunas van a desaparecer por completo.

- *Te vas a librar del perfeccionismo obsesivo.* Con tu foco en crear unos pocos momentos específicos en cada aspecto de tu vida, eres liberada de tratar en vano de hacer todo bien.

- *Te sentirás con más propósito.* Ahora tienes como blanco algo específico, más que ser tirada de un lugar para otro por las exigencias de los demás.

- *Vas a ser capaz de hacer más por otras personas.* Aunque comienzas enfocándote en lo que *tú* necesitas, tus momentos intensos generarán la fortaleza que precisas para bregar con todos los demás en tu vida.

- *Sentirás que la vida se ha vuelto más equilibrada.* En realidad no será equilibrada: no estarás dedicando ni la misma cantidad de tiempo ni la misma cantidad de atención a cada aspecto de tu vida. Pero se sentirá más equilibrada porque cada parte de tu vida te estará dando ahora energía, fuerzas en todos sus aspectos.

Carolyn, una de las participantes en el taller Intervención en la Carrera, te muestra cómo se puede ver esto. Cuando la conocí, era una maestra de veintinueve años de edad, luchando para mantener el entusiasmo en su papel.

«Siempre he sentido pasión por enseñar», me dijo. «Pero el año pasado, mi octavo año como maestra, comencé a perder la pasión, y eso me asustó. Al final del año escolar pasado no podía esperar a que llegara el verano, porque me sentía tan frustrada de que tenía que alejarme de la enseñanza. Pensé que me volvería el sentimiento de querer estar en la escuela, pero no lo tengo y apenas estamos en las primeras dos semanas del nuevo trimestre. Me da miedo de ir cuesta abajo por este sendero. Estos sentimientos son bastante nuevos para mí, y quiero saber lo que debo hacer para detenerlos».

¿Era que había elegido la carrera equivocada? ¿O tal vez que había llegado al final de la cuerda y que estaba agotada como maestra? Cuando la presioné un poco, me di cuenta de que a ella todavía le encantaba enseñar. Simplemente Carolyn había descuidado prestarles atención a los momentos intensos que le daban energía, y en cambio había llenado su vida con otras actividades: era la entrenadora principal de voleibol de su secundaria, era miembro del comité del programa para alumnos dotados y talentosos de su escuela, representaba a su distrito en un comité para diseñar nuevos programas lingüísticos. Hacía todo esto por una buena razón: «El programa lingüístico es una buena experiencia y se va a ver muy bien en mi currículum». Pero cada cosa requería tiempo y le quitaba energía; energía que necesitaba para sus alumnos, sus padres y su prometido.

Tratando de equilibrar las necesidades de todo el mundo, Carolyn se quedaba más y más tarde en el trabajo, corrigiendo tareas, preparándose para las conferencias de padres y maestros, pero entonces se sentía culpable por nunca estar en su casa. Así que le compró a su prometido dos perritos como una señal tangible de su amor. Desafortunadamente, debido a las presiones en el trabajo, ella nunca llegaba a la casa a tiempo para llevar a caminar a los perros, y eso la hacía sentir todavía más culpable.

Sería casi gracioso, si no fuera tan seriamente doloroso para ella y una pérdida tan grande para el resto de nosotros. Carolyn posee una elegante gracia. Es aplomada, inteligente y sabia; y cuando la conocí me sorprendí deseando que la maestra de sexto grado de mi hijo e hija fuera como ella. Y sin embargo, aquí estaba ella, la clase de maestra que el país necesita urgentemente mantener en sus salas de clase, llorando sosegadamente mientras contemplaba dejar su trabajo.

Como parte de nuestro tiempo de asesoramiento juntos, le pedí que tomara su agenda y escribiera una F para fortalezas, y una D para debilidades al lado de cada actividad, cada momento en su semana. Esto la obligó a prestar atención a los momentos de su vida y separar los que la fortalecían y los que no lo hacían. Con su larga lista de letras F y de letras D, a continuación le pedí que hiciera lo que hizo Anna con sus recortes: organizarlos uno por uno para ver que surgía. Nuestra esperanza era que lo que surgiera fueran esos momentos intensos que habían sido ahogados por el inmenso volumen de cosas que sucedían en su semana.

Y eso fue lo que sucedió. He aquí uno: a ella le encantaba sacar a caminar a los perritos. Tal vez era el caminar pues siempre había sido una persona atlética. Quizá era el tiempo con su prometido, sin teléfonos celulares ni papeles que los distrajeran. Lo que sea que fuera, esta actividad particular obtenía letras F. Así que llegó a ser uno de los momentos en su semana por los que luchaba y celebraba.

He aquí otro: descubrió que se sentía vigorizada por su propia lectura, y por la respuesta de sus alumnos a su lectura. Me explicó lo bien que se sentía cuando sus alumnos la veían con un libro en sus manos el lunes, y que le preguntaran qué libro era, y luego verlos a ellos con el mismo libro el siguiente lunes, y saber que ella podía desarrollar una lección basándose en comparación de su reacción y la reacción de ellos al mismo libro.

Esto parece un logro muy pequeño, pero la mayoría de los logros comienza como algo pequeño. Ahora que había forzado el camino hacia la atención de ella, aumentó en poder. Cuanto más pensaba en eso, tanto más vívido y preciso se volvía. Y entre toda su confusión y sus preguntas sobre si todavía quería seguir enseñando, descubrió algo que sabía con certeza, un momento intenso auténtico sacado de su propia vida de trabajo. Así que decidió sacar más tiempo para la lectura, y hacerla una parte más formal de sus planes de lecciones para cada semana, y celebrarlo con los niños y con sus padres.

Y de esta manera todo empezó para Carolyn. Ella identificó un par de momentos específicos de cada aspecto de su vida y luego fue tras ellos. Hoy día, siente otra vez que ama la enseñanza. Acabo de hablar por teléfono con ella y desearía que la hubieras podido escuchar. No lloraba ni había tristeza o resignación en su voz. En cambio, me entretuvo con historias de la nueva lección de biografía que había diseñado, en la que los niños tienen que escoger un personaje público, leer un libro acerca de él o ella, y hacer una presentación sobre su investigación. Con su enfoque en crear unos pocos momentos específicos en cada aspecto de su vida, Carolyn se ha vuelto más eficiente. Todavía es la entrenadora principal de voleibol, pero muchas otras actividades que no la llevan a momentos intensos ocupan un lugar inferior en su lista de prioridades, y unas pocas, tales como algunos comités, han desaparecido por completo. Se casó con su novio, todavía tienen los perritos, y están pensando en tal vez agregar un cochecito a sus caminatas de tarde. Nadie sabe lo que añadir un bebé hará en la vida de Carolyn, pero por ahora está en el sendero correcto, viviendo una vida plena, con un propósito.

Tu atención amplifica todo

Carolyn hizo un descubrimiento en el proceso de procurar el desequilibrio. Mientras más atención le prestaba a los momentos intensos en su vida, mayor influencia estos parecían tener.

Por ejemplo, cuando pensó acerca del momento en que habló con un alumno acerca de su libro, y ella le dio a ese momento todo el poder de su atención, puerta tras puerta se le abrieron en la mente. Recordó el nombre del libro, que era uno en una serie, que los niños siempre estaban hablando de él, que ella había leído el primero de la serie, pero no los otros, que le encantaban esas conversaciones, que no había tenido suficientes conversaciones de esas en tiempo reciente, que los niños nunca se portaban mal cuando les hablaba de libros, que les gustaba cuando parecía que ella y ellos estaban leyendo un libro al mismo tiempo, que había otras clases en las que ella podía incorporar tanto el elemento de la lectura como el de «aprendizaje». Esto le hizo *clic, clic, clic* en la mente, y al igual que a Margret con el bordado, las puertas mentales de Carolyn continuaron abriéndose, mientras su mente volaba hacia delante y hacia los lados, reforzando su presente y revelándole el futuro.

Tú también descubrirás lo mismo. Descubrirás que la atención lo amplifica todo. Enfoca tu atención en un momento, en un acontecimiento, en una emoción, o en un aspecto de la personalidad de un individuo, y sea lo que sea que estás enfocando se volverá más detallado, y este detalle atraerá aun más detalle, y todos estos detalles llegarán a dominar tu forma de pensar.

Puedes ver este proceso de amplificación con más claridad cuando se trata de tus fortalezas. Tus fortalezas son un agente multiplicador. Invierte tiempo, energía y entrenamiento, y obtendrás un resultado exponencial. Sé que esto contradice la sabiduría convencional. Cuando le preguntas a la gente: «¿Qué tiene más posibilidades de ayudarte a tener éxito en la vida: aumentar tus fortalezas o tratar de corregir tus debilidades?» Cincuenta y siete por ciento de la gente se enfoca en corregir sus debilidades. (En realidad, este enfoque en las debilidades es más prevalente en las mujeres que tienen entre treinta y cinco y cuarenta y cinco años de edad. De este grupo, el 73% apostaría su carrera, su éxito y su satisfacción a mejorar sus debilidades.) Pero la sabiduría convencional es una guía inadecuada. Tus puntos débiles, esas actividades que te debilitan, no son tus «áreas de oportunidad» ni «tus áreas para desarrollo». Tus debilidades son tus áreas de *menos* oportunidad, áreas en las que te desarrollarás menos, aprenderás menos, crearás menos, contribuirás menos, aportarás menos, y serás menos fuerte.

Por supuesto que en ocasiones tendrás que enfrentarlas, y en esa instancias puedes o seguir el consejo que le di a la estudiante que tenía problemas con la dislexia, o puedes sufrir con ellas sin quejarte.

Pero la mayor parte de tu vida debe estar enfocada en otro lado, en tus fortalezas. Tus fortalezas, esas actividades que te hacen sentir fuerte, son las áreas en las que aprenderás más, crearás más, desarrollarás más, y verás los adelantos más grandes en tu desempeño.

Algo de esto tiene que ver con la plasticidad de tu cerebro adulto. Aunque es cierto que tu cerebro retiene la capacidad de crear nuevas conexiones sinápticas a través de toda la vida, le resulta mucho más fácil crearlas cuando hay muchas conexiones preexistentes. Para decirlo en palabras simples, aprendes más en las áreas en que ya eres fuerte. (Quisiera que nuestras escuelas entendieran esto. Entonces no tendríamos que sufrir otra conferencia entre padres y maestros, machacando las áreas en las que nuestros hijos están luchando, y por qué están luchando, y cuándo y cómo podemos arreglarlas. Este no es el tema de este libro, pero si quieres aprender la forma de bregar con un maestro que está obsesionado con las debilidades de tus hijos, lee el capítulo 12.)

Mucho de esto, sin embargo, tiene que ver con la práctica. Se nos ha enseñado que debemos practicar para alcanzar la excelencia, que le debes dedicar miles de horas a una actividad si quieres destacarte en ella. Eso es verdad, pero no ayuda mucho. El asunto no es que el desempeño superior requiere práctica, obviamente la requiere. El asunto es que tú no practicas todas las cosas con el mismo grado de esfuerzo. En forma instintiva te sientes atraída hacia ciertas actividades: Carla yendo a la librería *Barnes and Noble* para leer libros sobre sistemas de integración, Candace anotándose para tomar clase de pastelería, mientras que en otras actividades te tienen que arrastrar como a un niño al dentista. Es natural que practiques mucho más las cosas que te atraen, así que mejoras, y practicas más, y entonces mejoras más todavía, en una espiral virtuosa, tus apetitos impulsando a tu desempeño. (Por supuesto que la espiral también va hacia el otro sentido: cuando no es una fortaleza, no practicas; si no practicas, no tienes buen desempeño.)

Así que, desequilibra tu vida hacia tus fortalezas. Encuentra la forma en que puedes agudizarlas con la experiencia y la práctica. Busca forma de usarlas con tus colegas, tu familia y tu comunidad. Aprende a hablar de ellas en términos de «esta es la forma en que puedo ayudar más al equipo», o «esta es la forma en que puedo ayudar mejor a mi familia».

No nos digas lo buena que eres en ellas, o que eres mejor que otras personas a tu alrededor. De lo que se trata es de desempeño, y nosotros lo juzgaremos, muchas gracias. En cambio, no nos digas dónde eres *la* mejor, sino en qué actividad *te destacas más*. Comparte con nosotros en qué área podemos contar más contigo. Ofrece tus fortalezas como una manera de hacer más cosas. Háblanos de ellas en términos de la mayor *contribución* que crees que puedes hacer.

Presta atención a tus fortalezas de esta forma, y te traerán tanto felicidad como éxito.

Trastorno de déficit de atención

Mientras que le estés prestando atención a lo positivo, este proceso, esta amplificación, no hará otra cosa sino servirte.

Pero ten cuidado. «Tu atención lo amplifica todo» también puede trabajar de la otra manera. Si les estás prestando atención a los aspectos *negativos* de un momento, de un evento, emoción o de una característica de la personalidad, entonces estos aspectos requerirán más detalles. Y el detalle atraerá todavía más detalle, y muy pronto esos detalles negativos llegarán a dominar tus pensamientos.

A esta tendencia negativa le podemos dar un nombre: Trastorno de déficit de atención (TDA, por aquello de asignarle siglas), y parece que muchos sufrimos de esto. Cuando miramos distintos aspectos de nuestras vidas, nuestra reacción instintiva es prestar atención a los déficits de una situación, a lo que está marchando mal. De hecho, virtualmente todo nuestro enfoque a mejorar la vida está basado en el trastorno de déficit de atención. La American Psychological Association [Asociación Americana de Psicología] tiene cincuenta mil estudios sobre la depresión y solo cuatrocientos sobre la alegría. La mayor parte de la terapia para los matrimonios se basa en una comprensión detallada del divorcio. Un doctor es un experto en las enfermedades, no en la salud.

La nueva disciplina de la psicología positiva ha cambiado el enfoque académico hacia lo que está bien en nuestra vida: ¿qué es el gozo? ¿qué es la felicidad? Pero todavía cuando le preguntas a la gente: «¿Cuál es la manera más eficaz de resolver un problema?», ochenta y tres por ciento responde: «Encontrar lo que está mal y arreglarlo».

¿Por qué hacemos esto? ¿Por qué nos permitimos estar tan obsesionados con lo que está mal en nuestra vida?

Considera estas dos razones. No estoy diciendo que hay solamente dos razones, pero en toda mi investigación, estas dos son, por mucho, las más comunes.

Tenemos miedo

Jane y yo entramos a la sala de clase de primer grado de nuestro hijo y, francamente, estamos nerviosos. Es el día en que los padres visitan la escuela, la noche en que todos los padres se ponen la mejor ropa y van a escuchar a los maestros explicar su filosofía para la clase y nos dicen lo maravillosos que son nuestros pequeñuelos. No debería ser una tarde que produzca ansiedad, pero el trabajo de los niños está pegado en las paredes y es la primera vez que Jane y yo vamos a ver el trabajo de Jack al lado del trabajo de sus compañeros de clase. No estamos seguros de qué esperar.

Entramos, y la primera pared que vemos es la que despliega los trabajos de arte. Treinta dibujos, pegados uno al lado del otro en un *collage* de seis metros de alto por seis metros de ancho, cada uno mostrando alguna colorida escena, y cada uno con el nombre del niño garabateado en la esquina derecha inferior.

En medio de un tumulto de cuerpos de padres igualmente ansiosos, nos paramos firmes, buscando el dibujo de Jack. Y mientras buscamos, nos volvemos unos a otros y decimos cosas lindas acerca de las pinturas, pequeños comentarios de aprobación, como si estuviéramos allí solo para apreciar arte, sin tener nada invertido allí:

«Ah, Danny es un pequeño artista, ¿cierto? Fíjate, eso es claramente una cordillera. ¿Y qué son esos? ¿Gansos? Parecen gansos».

«Isabel también es talentosa. Su dibujo parece hecho por un artista de renombre, con la piscina y el sol».

En medio de todo ese colorido, veo un dibujo en blanco y negro. Es un dibujo hecho simplemente con líneas. Cabezas grandes, sin cuerpos. Los brazos salen directamente de los largos cuellos, y allí en la esquina inferior derecha está el nombre: *Jack*.

De inmediato siento el impulso de acercarme furtivamente y cambiarle el nombre a Mack o Jackie, o si eso me hubiera fallado, pararme directamente enfrente del dibujo, ocultándolo de la vista de toda la gente. Me domino, le doy un codazo a Jane, y señalo el dibujo de Jack.

Lo miramos en silencio. Y el sentimiento que tengo es temor. No temor sobrecogedor, paralizante; después de todo, esta es una sala de clase de primer grado. Sin embargo, es temor, una pequeña punzada. Temor de que Jack note la diferencia en calidad y se sienta avergonzado. Temor de que los maestros vean la diferencia y piensen mal de mi hijo. Aun temor de que otros padres descubran el dibujo, lean el nombre y piensen mal de mi hijo.

Has sentido esta clase de temor. Es el miedo de que alguna de tus debilidades debilite todas tus fortalezas y te lleve a alguna clase de fracaso.

El temor de que si no bregas con los puntos débiles de tus empleados, se dañarán a sí mismos, perjudicarán a tus clientes, o aun, tu reputación como gerente. El temor de que algún aspecto de tu matrimonio no está marchando bien, y que si no lo confrontas, podría arruinar todo lo demás. El temor de que en algún punto del camino tomaste una senda terriblemente equivocada, y ahora, si no quieres desperdiciar tu vida, tienes que volver sobre tus pasos y tomar una decisión diferente.

Me incliné a Jane: «Conoces a una instructora de pintura que ofrece tutorías privadas, ¿no es cierto? ¿Cuándo puede comenzar? ¿El martes?»

No sé lo que hubiera respondido, quizá el martes no hubiera sido un buen día para ella, porque Lorne, el maestro de Jack, colocó la cabeza entre nosotros y, con una versión genuina de nuestras sonrisas forzadas, nos susurró: «Vengan conmigo».

Y nos llevó al otro lado de la sala, donde se exhibían los trabajos de matemáticas de los niños. Este trabajo también incluía dibujos —en los primeros años de primaria todas las materias constan de la materia «más un dibujo», idioma más un dibujo, historia más un dibujo— pero ahora los dibujos estaban acompañados de ecuaciones escritas a mano. Aparentemente los niños habían escogido una ecuación: 2+2=4 podía tener un dibujo de un niño con dos manzanas a quien un amigo le daba dos manzanas. Y *voilá*, cuatro manzanas.

—Fíjense en esto —dijo Lorne—. Este es el de Jack.

Y nos señaló un pedazo de papel con la ecuación 13−8=5 escrita en él.

—Noten que Jack fue uno de los pocos niños que escogió un número mayor de diez, y que fue el único niño que escogió una ecuación de resta. Todos los demás usaron suma.

Me sentí avergonzado. Mi misión es ayudar a las personas a identificar sus fortalezas, tomarlas con seriedad y ofrecerlas al mundo. Debí haber sabido que no es correcto prestarle atención inmediata a una debilidad. Pero cuando el temor te sobrecoge, el instinto de preservación toma el control y drena la sabiduría.

Hizo falta un excelente maestro para que me recordara que antes de ir a buscar un tutor de dibujo para Jack, debía sentarme con él y hablar de su matemática. No para hacerlo sentir mejor. No para «aumentar su autoestima», aunque no hay nada de malo en hacerlo. Si no, porque aquello a lo que le presto atención se expande. Si quiero que esa habilidad para aprender se expanda, en primer lugar debo prestar atención al área en la que en realidad más está aprendiendo. Necesito convertirme en un experto en ver por qué él se siente atraído por las matemáticas. Por qué aprende tanto. Por qué aprende con tanta rapidez. Cuáles son los aspectos de las matemáticas que aprende con más rapidez. Bajo qué circunstancias se desempeña mejor. ¿Le gusta que le tomen el tiempo, o se paraliza cuando le toman el tiempo? ¿Piensa en los números como cosas abstractas con sus propios patrones elegantes y lógica? ¿O le gustan las matemáticas porque ansía la estructura y ve a los números como una forma fantástica de imponer orden en el mundo que lo rodea?

La respuesta a cada una de estas preguntas revelará un poco más sobre la forma en que Jack aprende, y cómo puede aprender más. Y no voy a saber la respuesta a ninguna de estas preguntas a menos que las formule. No voy a saber cómo crear más de lo que está funcionando a menos que preste más atención a lo que está funcionando; y, por supuesto, lo mismo se aplica a ti, en tu carrera, en tu vida cotidiana y en tus relaciones.

Pensamos que es la mejor manera de resolver el problema

La segunda causa de nuestro trastorno de déficit de atención es que pensamos que enfocarnos en los problemas es la mejor manera de resolverlos. ¿No hay amor en tu matrimonio? Tu reacción instintiva es examinar cuidadosamente qué es lo que está causando la fricción y pensar en la forma en que puedes resolver el problema. ¿Un contratiempo en el trabajo? Haces una autopsia (una expresión apropiada, sin vida, sin poder) que te ayude a desenredar cuáles son los puntos débiles que te perjudicaron, y luego trabajas para mejorarlos. ¿No eres feliz en la vida? Vayamos a la historia familiar y desenmascaremos las malas relaciones, las neurosis y los temores que te están causando tristeza.

Lo que está mal con este enfoque, por supuesto, es que no concuerda con «tu atención lo amplifica todo». Cuanta más atención le prestes a lo que está mal en tu matrimonio, tu trabajo, tu vida, tu persona, tanto más se expandirá «lo que está mal». Aun cuando le estás prestando atención a «lo que está mal» por la razón correcta, que lo quieres arreglar, mientras más lo investigas, hablas sobre eso, lo vuelves a vivir, lo explicas, tanto más detalle adquiere «lo que está mal». Y con el detalle vienen el peso, el sentido y el significado. Tu matrimonio comienza a definirse por lo que está mal en él. En el trabajo estás perfectamente consciente de todos los obstáculos que hay en tu camino. Sientes la vida como una enorme pila de errores, remordimientos y temores. ¿Y tu personalidad? Te encuentras siendo caracterizada por todo lo que no eres. Las debilidades en tu vida *se convierten* en tu vida.

Para decirlo en términos simples, mientras más atención le prestes a un problema, más insoluble se vuelve el problema.

Así es como se ve el trastorno de déficit de atención cuando se le aplica a Jack y a su dibujo. Obviamente, en el gran esquema de las cosas, este ejemplo es trivial, pero para Jack no lo es, aunque sí lo es cuando se compara con algunos de los desafíos más grandes de la vida que tal vez estés enfrentando. Sin embargo, lo que revela es la forma en que el trastorno de déficit de atención puede guiar tu vida por el mal camino.

Jack está luchando con el asunto de dibujar.

¿Por qué está luchando? Porque no puede dibujar muy bien.

Listo, está bien. El problema ha sido identificado. No puede dibujar personas muy bien. Solución: hagamos del dibujo una actividad para después de la escuela y le pedimos a la maestra que preste atención especial a Jack cuando dibuja personas. Tal vez ella le puede enseñar algunos trucos, algunas fórmulas: el cuerpo y la cabeza son pelotas de futbol, una sobre la otra, y la pelota que representa el cuerpo es dos veces más grande que la de la cabeza... esa clase de cosa.

Jack asiste a la clase después de la escuela, escucha las sugerencias, pero todavía lucha. La maestra continúa mostrándole pequeñas triquiñuelas, sigue vigilando su progreso. Mejora un poco, pero se aburre con rapidez. Se distrae. Le dicen que se enfoque en sus dibujos. Él se siente frustrado. La semana siguiente pide que no lo manden a esa clase. Se queja todo el día. Le decimos que no se queje. Así que va, se siente tan aburrido y frustrado como la semana pasada, y esa tarde nos saluda aun más malhumorado que la semana anterior. Le decimos que debe perseverar, que desiste en algunas cosas con demasiada facilidad, que la vida no es un lecho de rosas, que la excelencia requiere trabajo, que algún día nos va a dar las gracias. Pero no hoy. Hoy simplemente siente que no le gusta dibujar, y que de todo lo que hablamos, cuando hablamos de sus tareas escolares, es sobre dibujo. Por supuesto que esto no es totalmente verdad, pero así es como se siente. Se vuelve ansioso y estresado, porque se da cuenta de que, a medida que el semestre continúa, la instrucción «ahora haz un dibujo» sucede en todas las materias, con la posible excepción de educación física. Comienza a masticarse la manga de la camisa. Para cuando termina el semestre, arruina una camisa por semana.

Así es como funciona el trastorno de déficit de atención. Piensa en algún problema que estás enfrentando actualmente en la vida, y te darás cuenta de que el cambio sigue la línea de tus preguntas. Cuanto más te preguntas qué es lo que está mal, qué es lo que está causando el problema, y cómo lo puedes arreglar, tanto más tu vida se mueve hacia lo que está mal.[1]

El filósofo William James dijo esto mismo cuando afirmó: «¿Por qué debemos pensar en cosas que son maravillosas? Porque nuestro pensamiento determina nuestra vida». Recientemente, el profesor David Cooperrider ha criticado nuestra inclinación hacia el TDA con su práctica de vanguardia, el Análisis Apreciativo, el cual ha sido diseñado para crear un cambio organizativo positivo.

Pero, en término prácticos, lo que para ti quiere decir el trastorno de déficit de atención es que nunca puedes resolver un problema en sus propios términos.

Lo voy a repetir. *Nunca puedes resolver un problema en sus propios términos.*

El poder de la atención positiva

En cambio, lo que sí puedes hacer es reenfocar la atención, alejándola de la raíz de las causas del problema, y hacia esas partes y cosas que sí *están* funcionando. No estás ignorando el problema; eso es un optimismo impreciso que no ayuda a nadie. Lo que estás haciendo es unir las pocas hebras de hilo de la situación para que se vuelvan lo suficientemente fuertes como para aguantar cualquier fragilidad existente.

Como un ejemplo de la forma en que esto te puede dar buen resultado, observemos tu relación con tu esposo. Si no tienes esposo, tal vez lo tendrás algún día, y entonces verás la forma en que esto te ayudará.

Digamos que tienes un problema en tu matrimonio. No es un problema devastador. No es que ya no lo ames, no hay infidelidad ni ninguna amenaza de abuso físico. Pero hay un problema de alguna clase: él te fastidia, no te entiende, no hace lo suficiente por ti ni por la familia. Algo.

Tu reacción automática es señalar el problema y luego pasar mucho tiempo hablando sobre la causa, y lo que él, y tú, podrían hacer para arreglarlo de modo que no perjudique todo lo demás que está bien. Tu cadena es tan fuerte como el eslabón más débil, como dice el antiguo dicho.

Como tal vez ya te has dado cuenta, nada de esto funciona. Siguen teniendo la misma conversación una y otra vez, y él se pone cada vez más a la defensiva, y tú te sientes cada vez más frustrada. Él siente que lo estás catalogando por todo lo que no es, y tú sientes que él no está tratando de cambiar con el suficiente empeño. La espiral sigue dando vueltas, la conversación se sigue repitiendo, el temor desplaza la convicción, la distancia reemplaza la intimidad, la falta de confianza debilita paulatinamente el amor, hasta que un día te despiertas separada.

Hay una manera mejor y una de las más reconocidas expertas en el tema de matrimonios felices, la profesora Sandra Murray de la

Universidad de Búfalo, te puede mostrar cuál es. Es sorprendente, pero en los matrimonios más felices un cónyuge no es constante y determinadamente honesto con el otro. Al contrario, en los matrimonios más felices, cuando se le pidió a cada uno que clasificara a su cónyuge en cualidades positivas tales como «amoroso», «motivado», «perdonador», «inteligente» y «enfocado», la encuesta mostró que marcaban a su cónyuge con más puntos que a un grupo de amigos íntimos, más alto que a una muestra de la familia extendida del cónyuge, y hasta del otro cónyuge. (Ya sea que la esposa estuviera clasificando a su esposo, o viceversa, los resultados fueron los mismos).[2]

Murray y sus colegas tienen términos elaborados para esto, llaman a esta perspectiva una «distorsión benevolente» o una «ilusión positiva», pero lo que estas conclusiones significan para ti es que el primer paso hacia un matrimonio feliz es buscar siempre la *explicación más generosa* para el comportamiento de tu cónyuge y luego creerla. Así que, al mirarlo con los ojos de la mente, tu esposo no es desorganizado, es «creativo». No es desconsiderado, es «enfocado».

Esto no es una simple gimnasia mental de tu parte. En realidad es la fuerza creativa de una relación sólida. Aun cuando tu perspectiva deliberadamente generosa pueda ser un poco exagerada, te ayuda a sentirte más segura en tu decisión de sentirte comprometida con esa persona, y por lo tanto, aun en los momentos en que te sientes muy vulnerable, tu confianza en la relación supera la necesidad de protegerte a ti misma. Porque le tienes confianza absoluta, cuando él hace algo que te disgusta, no te retraes y buscas formas de desquitarte, sino que te mueves hacia él. Y así, con el tiempo, tu perspectiva generosa crea una espiral de amor hacia arriba. Te da convicción. Tu convicción lleva a seguridad, y la seguridad crea intimidad. Y la intimidad fortalece el amor.

Y cuando realmente notes una falla específica en tu cónyuge, no la dividas en compartimentos. No la marques con un círculo, no le des un nombre, ni la pongas a un lado, y luego trates de equilibrarla con sus características positivas diciendo: «Sí, admito que no tiene mucha paciencia, pero mirando el lado positivo, es muy amoroso, creativo y chistoso». Al principio esto puede parecer sensato, pero en realidad, equilibrar debilidades evidentes con fortalezas igualmente evidentes no ayudará a tu relación. Le estás prestando a su debilidad demasiada atención, demasiado detalle, demasiado poder.

En cambio, siempre mira una debilidad como parte de una fortaleza. Por consiguiente dices: «Sí, él es impaciente, pero su impaciencia, en parte, explica su eficacia para completar tareas». O: «Sé que es poco práctico, pero si fuera más práctico entonces no sería tan creativo. No estaría tan dispuesto a dejar de lado la forma usual de hacer las cosas para buscar maneras mejores de hacerlas».

Esto no quiere decir que debes pasar por alto el mal comportamiento. Lo que quiere decir es que, dentro de lo posible, debes tratar de ver cualquier comportamiento, ya sea bueno o malo, como una fibra de una fortaleza. De esta manera ninguna información nueva podrá destruir la forma generosa en que ves a tu esposo. Cualquier nueva información puede simplemente ser entretejida de vuelta en tu perspectiva generosa deliberada. De esta perspectiva generosa sale la convicción; y esta convicción crea seguridad, y de la seguridad sale la intimidad… y estás de vuelta en la espiral positiva del amor.

Finalmente, a medida y cuando ocurren los problemas, no los analices, no los disecciones, y no te preguntes qué es lo que quieren decir con respecto a tu cónyuge, y a ti y a tu relación. No quieren decir nada. Simplemente existen. Toda vinculación entre las esperanzas, sueños, estilos y elecciones de dos personas va a incluir algunos momentos de conflicto, momentos cuando piensas: *No me entiende*. Sí, esos momentos son reales —en realidad es muy impaciente, es muy desorganizado, en realidad tiene una madre que no tiene una buena opinión de ti, en realidad pasa muy poco tiempo ayudándote en las tareas del hogar— así que es tentador amplificar esta realidad prestándole atención.

Resiste la tentación. Siguiendo la ley de «la atención amplifica todo», cuanto más enfoques tu conversación hacia esta realidad, tanto más vívida e importante llega a ser, hasta que esta realidad comienza a definir tu relación. Cuando piensas en ustedes dos, es lo primero en lo que piensas.

En cambio, cuando un problema te confronte, cambia tu enfoque a la forma en que luce tu relación cuando las cosas están marchando bien. Formúlate la siguiente pregunta: «Cuando estás en tu mejor momento, ¿qué estás haciendo?» Imagínatelo, con tanta claridad como te sea posible, cuando fue el último momento intenso que pasaron juntos. ¿Cuándo fue el último momento intenso que esperaste ansiosamente? ¿Cuándo fue el último momento juntos en que el tiempo pareció volar? ¿Cuándo fue el último momento juntos en el que deseaste que hubiera durado el doble de lo que duró? Busca un detalle específico de este momento, y luego agranda el enfoque de tu lente, agregando un pequeño detalle tras otro. Y luego, en forma intencional, desequilibra tu vida hacia ese momento, formula un plan sobre cuándo y cómo vas a hacer que ese momento se repita. Y hablen ambos sobre eso. Recuérdenlo juntos. Celébrenlo juntos.

Tus problemas no van a desaparecer... los problemas nunca desaparecen. Pero, cualesquiera que sean los problemas en tu relación, van a ansiar tener tu atención, y con bastante rapidez van a palidecer en comparación con lo que estás escogiendo construir juntos.

El axioma «una cadena es solo tan fuerte como su eslabón más débil» te lleva a obsesionarte con todo lo que está mal. La práctica a través de este libro, el arte de atrapar y sostener con cuidado, se basa en un discernimiento diferente: un eslabón, cuando se fortalece, puede convertirse en la cadena.

La estatua de Jack

El último en una larga serie de dibujos con los que Jack estaba pasando mucho trabajo era la Estatua de la Libertad. Este dibujo en particular le produjo mucha ansiedad porque sería exhibido en el pasillo afuera de su clase junto a los dibujos de los otros niños. Todas las noches de las semanas previas «al día del dibujo», Jack encontraba una forma de dejarnos saber lo preocupado que estaba. Nuestra respuesta incluyó de todo, desde alegre afirmación (por lo general de mi parte): «Ah, no te preocupes, Jack, es solo un dibujo. Haz lo mejor que puedas», hasta lo considerado y práctico (por lo general Jane): «Jack, fíjate en esto, encontré una guía en Internet para dibujar la Estatua de la Libertad y la imprimí. Tratemos de dibujarla juntos», hasta aprendizaje por participación activa: «Vayamos a visitar la Estatua de la Libertad cuando estemos en Nueva York» (los dos).

Y de pronto, Jack dejó de hablar del tema. No de forma represiva, como diciendo: «No puedo bregar con el asunto», sino como: «No quiero saber nada más del tema. Se acabó. No hay problema».

Un par de semanas más tarde, en una conferencia de padres y maestros, preguntamos sobre el dibujo. Y como verás, la maestra le cambió el enfoque al problema preguntándose: «¿Qué momentos intensos tiene Jack en la sala de clase?», y «¿Cómo luce Jack cuando está aprendiendo mejor?» y, «¿Cómo podemos aplicar lo que sabemos sobre Jack a proyecto de arte?», y al hacerlo, hizo que el problema fuera irrelevante.

—Me alegra que me hayan preguntado —dijo la maestra—. Jack y yo hablamos sobre eso. Él es un niño que realmente necesita saber que hay una respuesta correcta, y cuál es esa respuesta. Lo que lo aflige es que él piensa que la respuesta correcta es una representación perfecta de lo que se le pidió que dibuje, y bueno, esa clase de representación en un dibujo es difícil para él.

»Le dije que estaba equivocado. Y que sí, en el arte hay una respuesta correcta, al igual que lo hay en las matemáticas, pero que en el arte es "lo que sea que él ve". Esa es la única respuesta correcta.

»Tan pronto entendió esto, comenzó a calmarse. Le pregunté lo que veía cuando miraba la Estatua de la Libertad, y como ustedes esperarían de Jack, lo que veía era una estructura muy ordenada y específica. Por ejemplo, visualizó la Estatua en un día específico, el cuatro de julio. Y en ese día, realmente en la noche de ese día, hay muchos fuegos artificiales. Y en lugar de dibujar miles de destellos y luces, lo que hubiera sido demasiado caótico para él, Jack decidió cortar la hoja de papel en blanco en secciones, algo así como pedazos de pizza cortados a la perfección, con la Estatua en el centro, y cada otro pedazo de un color brillante y diferente.

»Aquí está, se lo quiero mostrar».

Ella se dio vuelta a un estante a su espalda, sacó una carpeta grande, la puso sobre la mesa y la abrió. Mientras pasaba las hojas con rapidez, vi algunos dibujos verdaderamente fabulosos de la Estatua de la

Libertad hechos por niños de primer grado, y traté de cuidarme de no mostrar una expresión desapropiada cuando viera el dibujo de Jack.

Y luego, allí estaba. Dejando de lado el orgullo de padre, era un dibujo fantástico. La página estaba totalmente llena de color, con la Estatua en el centro (debo confesar que no era un dibujo fantástico, pero se podía reconocer), y con rayos anchos de color que partían de ella. El dibujo era un enorme fuego artificial, una impresión cubista-impresionista de la Estatua de la Libertad, llena de luces el 4 de julio. Cuando mirabas el dibujo, no decías: *Oh, no. Ese brazo levantado, esa antorcha, no están muy bien hechos.* Pensabas: *Sí. Sí. Puedo ver lo que vio este niño.*

Para resolver el problema en tu vida, ya sea un ambiente hostil en el trabajo, una cuñada que en forma pasiva-agresiva critica la forma en que crías a tus hijos, o un esposo que no te ayuda en el hogar, debes hacer lo mismo: enfocar tu atención en cómo se verían esas cosas si estuvieran «funcionando» bien, organizar tu vida para crear algunos otros de estos momentos «que funcionan», y luego celebrarlos.

Cuando desequilibras tu vida de esta forma, los problemas no desaparecerán: Jack no es y nunca será un buen dibujante de figuras; el ambiente de tu trabajo tal vez siempre contenga elementos hostiles; es posible que tu cuñada siempre te resienta en algún nivel; tal vez tu esposo nunca vacíe la lavadora de platos de forma correcta o en el momento correcto. No obstante, esos problemas son simplemente vencidos y se hacen irrelevantes por la energía, el detalle y la fuerza del momento que estás creando. A medida que construyes un futuro con más de los momentos intensos que quieres, las causas originales de tus problemas ocupan un lugar inferior, hasta que, desde el punto de vista ventajoso de la vida plena que estás construyendo, se ven por lo que son: reales, pero endebles. Y en realidad no merecen tu atención.

Vuelve a pensar en Anna, la mujer que trabaja como agente en Hollywood. Esta era su estrategia. Cuando su «amigo» se llevó el crédito por su idea y le robó un trabajo que por derecho debió ser suyo, ella se hubiera podido quejar ante tal injusticia, pudo haber indagado más en las raíces de las causas, y hasta haber insinuado la posibilidad de discriminación en la agencia por ser mujer. Pero escogió no hacerlo, y no porque esas causas no tuvieran fundamento, sino porque se dio cuenta de que prestarles atención no la llevaría a ningún lado. En cambio, en forma intencional, desequilibró su vida. Le cambió el enfoque al problema, formulándose la pregunta sobre lo que giraba todo: «¿Cómo se vería esto "funcionando"?» Anna escribió memos sobre cómo esta posición de coordinadora beneficiaría a la agencia. Le describía, a todo el que quisiera escuchar, ejemplos recientes de cómo esa posición hubiera ayudado a tal actor, o a este director, o a ese estudio. Esto no fue solo persistencia de su parte. No era simplemente una esperanza optimista. Más bien, fue un esfuerzo deliberado para ayudar a que cada persona en la agencia pudiera ver la forma en que eso «funcionaría».

¿Y qué sucedió? Como recordarás, unos pocos meses más tarde, le ofrecieron el trabajo de coordinadora en otro departamento. La dirección de su cambio siguió el foco de su atención.

LECCIONES IMPORTANTES DE ESTE CAPÍTULO

- **El equilibrio es casi imposible de obtener, y no te hace sentir realizada cuando lo obtienes.** ¡Ignóralo!
- **Para fortalecer tu vida:**
  1. Sé intencional en la creación de momentos intensos específicos en tu vida; ponlos en tu agenda y mantente en esa misión.
  2. Estudia detenidamente tus momentos intensos; míralos desde un nuevo ángulo y siempre encontrarás algún pequeño detalle que te intrigue y te dé energías.
  3. Celebra esos momentos intensos —haz algo grande de ellos, habla sobre ellos, compártelos con otras personas.
- **Si no puedes encontrar ningún momento intenso dentro de una responsabilidad que has aceptado, entonces disminuye o deja esa responsabilidad tan pronto como puedas.**
- **El secreto de una vida feliz y exitosa no es poner límites entre las diferentes áreas de tu vida.** En cambio, tu objetivo debe ser tener momentos intensos en cada una de ellas. Una vez hagas esto, los límites surgirán en forma natural.
- **Puesto que la «atención amplifica todo» nunca resolverás un problema en sus propios términos.** Para resolver un problema, pregúntate qué es lo que está «funcionando», y luego enfoca toda tu energía hacia crear eso. El problema se hará más pequeño.

PARTE 3

TÁCTICAS PARA UNA VIDA PLENA

Hagamos una pausa por un momento y repasemos lo que hemos aprendido hasta ahora.

Sabemos que en todos los países desarrollados de los que tenemos información sobre la felicidad, las mujeres están cada vez más insatisfechas en todos los aspectos de sus vidas, y que esos sentimientos negativos aumentan a medida que envejecen.

Sabemos que esa penetrante infelicidad está conectada a la inmensa variedad de elecciones que debe hacer cada mujer, y que, como nadie quiere volver a un mundo de menos elecciones, si ella quiere oponerse a esta tendencia, debe convertirse en experta en hacer elecciones que la fortalezcan.

Sabemos que desempeñas algunos roles en la vida con más eficacia que otros, y que tu papel principal y tu papel secundario te pueden mostrar dónde puedes encontrar tus momentos más intensos. Sabemos que para que estés en el lugar en que eres más feliz y exitosa, puedes seguir la práctica de «atrapar y sostener con cuidado»: busca los momentos intensos, acepta lo que descubres sin importar lo difícil que esto pueda parecer; y luego, en forma intencional, desequilibra tu vida hacia crear y celebrar más esos momentos intensos.

También hemos aprendido que los momentos de crisis, ya sean personales o profesionales, pueden darte claridad. Te ofrecen la oportunidad de meditar sobre quién eres y qué dirección deseas que tome tu vida.

Tal vez todo sea suficiente para ti. Pero si eres como la mayoría de las mujeres a las que he presentado estos descubrimientos, quieres más detalle. Eres un individuo con preguntas y asuntos completamente particulares para ti y para tu situación. Quieres más que una receta general. Quieres asesoramiento específico.

Quisiera poder sentarme contigo y trabajar juntos en las maneras en que la práctica de atrapar y sostener con cuidado se aplica a tu vida, pero, obviamente, no lo puedo hacer. Así que en la parte 3, he tomado las preguntas que me han formulado con más frecuencia y te las presento en detalles y como respuestas tácticas.

No todas las situaciones se aplicarán a tu vida, pero te animo a que de todas formas las leas. A medida que avanzas, tus necesidades y desafíos cambiarán, y alguna pregunta de otra mujer tal vez pueda probar ser el consejo que necesitas para encontrar tu vida plena.

TÁCTICAS PARA TENER UNA CARRERA PROFESIONAL PLENA

Para tener éxito, lo primero que tienes que hacer es enamorarte de tu trabajo.

—HERMANA MARY LAURETTA, monja católico-romana

○ **Me acaban de despedir de mi trabajo, ¿ahora qué hago?**

○ **¿Cómo descubro mi pasión?**

○ **¿Cómo puedo hacer una buena entrevista de trabajo?**

○ **¿Por qué debería arriesgar mi carrera actual para perseguir mis fortalezas?**

○ **¿Cómo puedo superar el temor al cambio?**

○ **¿Cómo puedo superar mi ego?**

○ **¿Estoy demasiado vieja para cambiar de carrera?**

○ **¿Desperdicié mi dinero estudiando una maestría en administración de empresas?**

○ **¿Estoy «mal» por no querer «más»?**

○ **¿Me debo enfocar en convertirme en una «experta» o debo capacitarme en varias disciplinas?**

○ **¿Cómo puedo saber que voy por el camino correcto?**

Me acaban de despedir de mi trabajo, ¿ahora qué hago?

No cabe la menor duda de que te encuentras en una situación dificilísima. Con las preocupaciones de dinero acechándote, probablemente estás pensando que no puedes darte el lujo de buscar el rol apropiado para ti pues tienes cuentas que pagar y balances bancarios que considerar.

No vas a poder salir de este aprieto inmediatamente, pero tampoco debes desistir en tu intención de encontrar el trabajo apropiado, y no simplemente «un trabajo». He aquí lo que te recomendaría como pasos iniciales para que continúes avanzando:

EVALÚA TUS FINANZAS. Antes de hacer nada, pasa una tarde calculando dónde te encuentras financieramente. ¿Cuánto necesitas ganar para poder pagar tus gastos mensuales? ¿Qué gastos superfluos puedes cortar? ¿Por cuánto tiempo puedes depender de tus ahorros sin tener ninguna entrada?

TOMA UN TRABAJO DE «PLATAFORMA». Es muy posible que necesites ganar dinero bastante pronto. Si este es el caso, tendrás que conseguir un trabajo, y sí, cualquier trabajo que esté disponible. Este trabajo no será una carga; será un medio para alcanzar un fin. Como hizo Anna con sus trabajos temporeros, toma el trabajo sabiendo que lo estás usando como una plataforma donde construirás el puente hacia tu verdadera carrera. Y por supuesto que debes tomar este trabajo con seriedad, debes trabajar con toda la diligencia que puedas y aprovechar cualquier habilidad o perspectiva que el trabajo te ofrezca. Pero para evitar sentirte atrapada por acontecimientos más allá de tu control, considera este trabajo como una plataforma, un lugar donde detenerse por un tiempo.

INVESTIGA. Averigua qué destrezas y conocimiento necesitarás para destacarte en un nuevo rol. ¿Necesitas algún tipo de educación formal? ¿O puedes simplemente transferir la experiencia y la educación que tienes actualmente? Si es lo primero, habla con el consejero académico de una universidad local que ofrezca cursos en tu campo. ¿Qué tan rápido puedes inscribirte y comenzar?

OFRÉCETE DE VOLUNTARIA. Las organizaciones sin fines de lucro siempre tienen necesidad de personas que hagan buen trabajo y no les cobren. Así que a medida que aprendes sobre tu nuevo campo, trabaja de voluntaria usando las destrezas que quieres desarrollar en una organización local sin fines de lucro. Invierte tu tiempo. Practica. Tendrás una historia que contar.

PREPARA TU HISTORIA. En algún momento muy pronto, vas a tener que contestarle a un gerente de recursos humanos: «¿Por qué quiere entrar a esta nueva clase de trabajo? ¿Qué pasos ha dado para prepararse? ¿Qué trabajo ha hecho en esta área? ¿Con quién puedo hablar acerca de ese trabajo?» Prepara tu historia y practica contándosela a cualquiera que te escuche.

HAZ CONEXIONES. Ahora que estás desarrollando tus destrezas y con una historia que se va tornando cada vez más cautivadora, es hora de comunicarse y hacer conexiones. Hazte miembro de una asociación local en tu nueva línea de trabajo. Asiste a presentaciones de personas que ya trabajan en ese campo, y cuando las presentaciones terminen, ponte en la fila, lista para un apretón de manos, un detalle personal rápido, y una razón para llamar —sé específica y no vaciles en pedir ayudar. Lee las historias de éxito de la gente en el campo al que quieres entrar, y recuerda esos nombres. ¿Vive alguna de ellas cerca? ¿Cómo puedes contactarlas? Si te pusieras en contacto con ellas, ¿qué les preguntarías? Haz algo todas las semanas para ampliar tu red de contactos en ese campo.

BUSCA UN ASOCIADO. El camino a una carrera nueva no será ni corto ni sin obstáculos. Habrá semanas cuando darás grandes pasos hacia delante, y otras en las que sentirás que tu vida está estancada. Para ayudarte a mantener el impulso hacia delante, encuentra a alguien en tu vida a quien puedas rendirle cuentas. Un compañero o una compañera. Un asociado. Alguien con quien puedas comprometerte a hacer algo, y que al final de cada semana te pueda preguntar: «¿Hiciste lo que me dijiste que harías?» Tu sendero hacia una carrera nueva será de un paso hoy y de mil con el tiempo. Esa persona puede ayudarte a perseverar.

¿Cómo descubro mi pasión?

Comienza por darte un respiro: nadie encuentra su verdadera pasión. Comienzan con una noción, con una idea de algo. Y *construyen* su pasión trabajando duro, prestando atención a cómo les hacen sentir las diferentes partes de su rol, y tomando la iniciativa de llevar su papel gradualmente hacia esas actividades que les fortalecen.

MIRA HACIA ATRÁS. Para encontrar tu «noción», tu «punto de partida», comienza por lo que hicieron Anna y Candace: mirar hacia atrás. Piensa en tus años de adolescente y trata de recordar si había algunas materias que te llamaran más la atención. Pregúntales a tus padres cómo eras de niña. ¿Hay algunas cosas que te interesaban, sobre las que leías y hablabas sobre ellas sin cesar a la hora de la cena? No trates de tener esta conversación con tus padres en forma pasajera; no conseguirás suficiente detalle. En cambio, separa por lo menos media hora y llévalos contigo a través del tiempo, a ese tiempo cuando las demandas y las expectativas de la vida todavía no habían empañado tu sentido de quién eres en realidad.

PRESTA ATENCIÓN A UNA SEMANA REGULAR DE TRABA-
JO.
Si no consigues nada del pasado, entonces toma tu cuaderno de notas, y por una semana o dos anota los artículos que lees, qué historias te intrigan, en qué revistas, cuáles fueron los momentos que ansiabas, cuáles fueron los que pasaron volando, cuáles fueron los que te hicieron sentir: «¿Cuándo puedo hacer esto de nuevo?»

SÉ PRECISA. ¿No tienes un interés número uno claro? Entonces escoge una de tus tres principales áreas de interés, y comienza allí. Investiga, limita tu enfoque a un rol o carrera, y luego, como hizo Anna, busca el primer escalón en la escalera. Entonces trabaja duro. Invierte todas las horas que Dios te ha dado y fíjate cuáles son las áreas de ese trabajo que te entusiasman, si hay alguna, y en forma deliberada dirige tu rol hacia esas áreas específicas. Siempre mantén la atención en las cosas específicas de las actividades que realmente te entusiasman más. Esas actividades precisas son la materia prima para construir tu pasión. La pasión es inútil sin la precisión.

Recuerda siempre que la pasión no se puede encontrar en el cielo, en los sueños ni en esperanzas lejanas. La pasión vive en el nivel donde caminas, en las tareas cotidianas que te pagan por hacer hoy, mañana y pasado mañana.

Una última posibilidad que podrías considerar es que no tienes una pasión clara. Tal vez seas una pionera, la clase de persona que se siente intrigada por muchas cosas diferentes, y que las persigue a todas con igual pasión. Si es así, no te recrimines por eso. En cambio, reconócelo, reclámalo, y luego medita en la forma de encaminarlo productivamente. ¿Cómo esto te puede hacer más valiosa en el trabajo? ¿Cómo puedes usar tu curiosidad insaciable para servir a tu familia? ¿Qué trabajo como voluntaria puedes hacer? Usa lo que tienes.

Si no lo haces, te puedes convertir en una diletante, alguien que va de un tema a otro, una amateur a todo, y que no contribuye a nada.

¿Cómo puedo hacer una buena entrevista de trabajo?

La mayoría de las personas se sienten nerviosas con respecto a las entrevistas porque piensan que se están exponiendo a que otra personas las evalúe, y eso siempre produce temor. Así que, para comenzar, tratemos de cambiar tu perspectiva: la persona que te está entrevistando está de tu parte y quiere que le caigas bien. Puede sonarte extraño, pero es muy probable que sea cierto. Está desesperada por encontrar a la persona correcta para ocupar ese cargo y tiene mucho en juego en lo que respecta a tomar la mejor decisión.

Así que, sé tú misma. Preséntate tal como eres y afirma tus fortalezas. Eso es todo lo que puedes hacer, y, si eres la persona adecuada para ese trabajo, tienes una buena oportunidad de conseguirlo. Y si no lo eres, quiere decir que hay otra organización por ahí que será mejor para ti, y que tal vez pruebe ser mucho más satisfactoria para ti.

1. ¿Cómo puedo asegurar una entrevista?

DESTACA FORTALEZAS QUE SEAN MENSURABLES. Destaca las fortalezas específicas que traes a la organización y luego vincula esas fortalezas a logros mensurables, con énfasis en la palabra *mensurable*. Tú no «aumentaste las ventas»; tú «superaste la cuota de ventas en un dieciséis por ciento durante tres años seguidos». No «serviste bien a tus clientes», sino que «retuviste el noventa y seis por ciento de tu clientela todos los años». Los números son persuasivos, menciónalos.

USA TU RED DE INFLUENCIA. Muchas organizaciones aprecian las recomendaciones de sus propios empleados. Si tienes conexiones dentro de la organización, pídeles que le envíen tu curriculum vitae, con una recomendación, al gerente que contrata. Asegúrate de preguntarle a la persona que conoces sobre al proceso de reclutamiento y cualquier sugerencia que pudiera tener para ti.

2. ¿Cuáles son las preguntas que me formularán?

- **¿Cuáles son tus fortalezas?** Antes de responder a esta pregunta, comparte tu definición de una fortaleza como esa área en tu trabajo en la que te desempeñas mejor, y no necesariamente decir que eres la mejor pues a nadie le gusta una persona que hace alardes. Luego relata ejemplos específicos para demostrar esas fortalezas.

- **¿Cuáles son tus debilidades?** Mucha gente trata de contestar esta pregunta de forma que presenta una debilidad como si fuera una fortaleza. «Creo que trabajo demasiado». «Me desespero por hacer las cosas bien la primera vez». «Soy una perfeccionista». Pero todo el mundo conoce ese truco. En lugar de esto, explica que hay ciertas actividades que no haces tan bien y que por eso las consideras tus debilidades. Luego comenta sobre las estrategias que usaste en el pasado para bregar con esas debilidades de modo que estas no se interpongan en lo que quieres hacer.

- **¿Por qué debería contratarla para este trabajo?** Sé específica. Contesta: «Estas son las maneras en que puedo contribuir con mis fortalezas para el éxito o funcionamiento de esta organización…». Comparte con tu entrevistador algunos ejemplos verídicos y recientes de éxitos significativos que has tenido en otros roles y de la forma en que has usado tus fortalezas para alcanzarlos.

3. ¿Qué debo preguntar en una entrevista?

Los candidatos responsables siempre se preparan con preguntas para formular al entrevistador. Tus preguntas deben ser tan impresionantes como tus respuestas, así que toma el tiempo para preguntar lo que en realidad quieres saber sobre tu papel.

He aquí tres preguntas que siempre deberías formular:

- ¿Cuáles son las tres prioridades principales para la persona que ocupará este puesto en los próximos noventa días?
- ¿Cuáles son las fortalezas que está buscando en la persona que seleccione para este puesto? ¿Cómo se relacionan estas fortalezas a las responsabilidades de la posición?
- ¿Cómo describiría usted la filosofía de la compañía? ¿Podría darme algunos ejemplos de esa filosofía en acción?

4. ¿Cuáles son los «no» definitivos en una entrevista de trabajo?

LLEGAR TARDE. Debe ser obvio, pero llegar tarde a una entrevista es una señal evidente de que no estás tomando en serio el trabajo.

MENTIR SOBRE TU EXPERIENCIA. Si lo haces, te va a ocasionar problemas. Nunca inventes respuestas o cuentes una historia acerca de tu experiencia que no es verdad. Puede ser tentador endulzar un poco el relato, pero no lo debes hacer. Tu entrevistador puede darse cuenta de que estás simulando, o llamará a tus referencias y comprobará que no era cierto. O lo que es peor, no descubrirá la mentira, tú consigues el trabajo, y el asunto sale a la luz después que has sido contratada. Y te despedirán. Es mucho mejor decir la verdad y dejar que las cosas sigan su curso.

ATRIBUIRTE DEMASIADO CRÉDITO. Mucha gente cuenta historias verídicas sobre experiencias pero no incluyen que otras personas estuvieron involucradas en el éxito. Tiene sentido que te enfoques en lo que hiciste bien y la forma en que ayudaste al equipo, pero siempre da el crédito a quien lo merece. No solo quieres estar absolutamente segura de que tus referencias corroborarán las declaraciones que haces, sino lo que es más importante, te proyectarás como una persona que hace que los que están a su alrededor se vean bien.

SER DESCORTÉS. Parece algo obvio, pero sé amable con todas las personas que encuentras mientras esperas a que te entrevisten, particularmente con la recepcionista. Esa persona podría ser una futura compañera de trabajo, y muchos gerentes le preguntarán cuál ha sido su primera impresión de ti. Las recepcionistas son expertas en primeras impresiones. No tienes que ser exagerada, pero sé cortés y amable.

USAR ROPA INAPROPIADA. Fíjate en el código de vestimenta y síguelo. Trata de no vestirte ni por encima ni por debajo de dicho código. Pero si vas a hacer uno de los dos, vístete por encima del código.

5. ¿Hay algo que deba hacer después de la entrevista para aumentar las posibilidades de conseguir el trabajo?

INVESTIGA. Aprende lo más que puedas sobre la compañía: su misión, visión, valores, contribuciones clave. Prepárate para la segunda entrevista.

AVISA A TUS REFERENCIAS. Asegúrate de que tus referencias saben que pueden ser contactadas y que están disponibles para responder esa llamada dentro de un tiempo prudente. Revisa otra vez la información para ponerse en contacto con ellas.

AGRADECE AL ENTREVISTADOR. Siempre envía una nota escrita a mano después de una entrevista dándole gracias al entrevistador por su tiempo, y asegurándote de que tienen el número correcto para ponerse en contacto contigo. Si quieres el puesto (¡tal vez después de la entrevista no lo quieras!), asegúrate de volver a mencionar cómo sientes que puedes aplicar tus fortalezas para mejorar el funcionamiento de la organización.

¿Por qué debería arriesgar mi carrera actual para perseguir mis fortalezas?

El otro día escuché esta historia: «Una mujer está nadando en un lago. Lleva una roca. Se cansa mientras nada. La roca la está haciendo hundir. La gente al otro lado le grita que suelte la roca. Ella continúa nadando y se cansa mientras nada. Casi no puede mantener la cabeza afuera del agua. Le gritan: "¿Por qué no suelta la piedra?" Mientras se está hundiendo, grita por última vez: "¡Porque es mía!"»

No tienes que necesariamente tirar por la borda todo lo que has invertido en tu carrera a fin de ir tras tus fortalezas. Pero tampoco debes aferrarte a una vida que has levantado por ti misma cuando de todas maneras te está matando.

DALE A TU TRABAJO UNA ÚLTIMA OPORTUNIDAD. Pregúntate primero si el trabajo que ahora tienes puede ser el correcto para ti después de todo. ¿Recuerdas a Carolyn, la maestra que había perdido contacto con lo que amaba acerca de la enseñanza? Ella se sentía totalmente agotada en su rol. Estaba asustada de la posibilidad de tener que dejar la carrera de maestra por completo. Y sin embargo, después de que cambió su perspectiva, volvió a descubrir el gozo del trabajo y ahora se siente con nuevas fuerzas y renovada. Tu solución puede estar mucho más cerca de lo que crees. Así que, ¿por qué no hacer el ejercicio de las letras «F» y «D»? Enfócate en tus fortalezas, y al final de una semana, escoge dos que han creado en ti las emociones positivas más fuertes. Examina tus emociones y repasa mentalmente lo que sucedió. Vuelve a vivir esos dos momentos. Vuelve a sentir lo que en primer lugar te encantó acerca de tu trabajo.

IMAGÍNATE EL FUTURO. La incapacidad para poder imaginar en un rol es la señal más segura de que estás en el papel equivocado. Así que si te fijaste detenidamente en tus fortalezas, volviste a vivir esos momentos intensos, y todavía no te sientes animada sobre un futuro con más de esos momentos, entonces sí llegó el momento de actuar. Toma la decisión en la mente y haz planes para tu estrategia de salida. No debes darle vueltas ni predecir el resultado. Tienes que aceptar que tu trabajo no usa ni nunca usará lo mejor de ti. Ni el dinero ni los beneficios ni el tiempo ni el adiestramiento invertidos puede compensar esto. Nada.

CONSTRUYE UN PUENTE. Es muy posible que no puedas dejar tu trabajo inmediatamente, y lanzarte a tu osada y nueva dirección. Es probable que necesites dinero. Es posible que necesites los beneficios de tu trabajo y asegurarte de que tienes referencias. Pero debes comenzar a moverte en la dirección correcta. ¿Qué tienes que hacer para construir un puente entre tu antigua carrera y tu nueva vida? ¿Qué requisitos necesitas? ¿Qué contactos te pueden ayudar? ¿Cuáles son los cursos que puedes tomar? Comprométete a tomar por lo menos una acción por semana para avanzar hacia la vida que quieres.

SÉ ESPECÍFICA. En las entrevistas de trabajo, el entrevistador tiene miedo de tomar la decisión incorrecta y contratar a alguien sin los requisitos adecuados. Se está jugando su seguridad contra emplear a alguien no apropiado. Así que si todavía no tienes la experiencia adecuada en tu currículum vitae, compénsalo siendo muy específica sobre cuáles son tus fortalezas y por qué te están llevando a esta nueva línea de trabajo. Con tu curriculum vitae incluye una carta y usa frases tales como: «Me desempeño mejor cuando...», y a continuación describe una actividad específica que te fortalece. Y si quieres ser convincente, comparte lo que crees en tu corazón. Escribe por qué sabes, no «crees», *sabes,* que esa fortaleza te capacitará para tener éxito en tu nuevo rol. Y si te llaman para una entrevista, presenta dos o tres ejemplos de esta fortaleza en acción. Practica diciendo estos ejemplos en voz alta a una amiga o a tu esposo. Si eres específica, estás dando certeza, y la certeza calma los temores.

COMIENZA EL CAMINO HOY.

¿Cómo puedo superar el temor al cambio?

Los seres humanos tememos a lo desconocido. Esto no es algo por lo que tienes que sentirte mal. El temor a lo desconocido es realmente un rasgo adaptable; aquellos de nuestros antepasados que no tenían este temor, que tenían el hábito de entrar en cuevas oscuras y decir «ah, me pregunto qué animal vive aquí», a menudo no vivieron el tiempo suficiente como pasar sus genes. Así que es bastante sensato ser precavida. En forma particular, si el bienestar de tus hijos está en juego.

Ahora bien, el temor de «qué podría suceder si...» nunca debe lograr que dejes de buscar lo que te hace sentir realizada. Como describí antes en este libro, cualquier responsabilidad que tomas contiene en ella ciertos momentos específicos que te fortalecen. Si has escogido trabajar, y si tu trabajo no tiene momentos intensos, no vas a poder compensar por esta falta llenando hasta rebosar las otras partes de tu vida. Muy pronto, el vacío en el área de trabajo te va a agotar, y tus hijos, aunque sean muy pequeños, lo van a notar. Así que, si sientes que la satisfacción en el trabajo es drenada cada vez más, y puedes ver otro papel que te entusiasma, no dejes que la preocupación por la familia te impida actuar. El aplazar una decisión es una mala estrategia cuando estás luchando contra la decadencia.

Entonces, ¿qué hacer? El temor es un enemigo resistente, pero hay dos formas en que lo puedes vencer:

TEN ÁNIMO. Concéntrate en lo entusiasmada que estás con respecto a tu nuevo rol. Visualiza los momentos en ese nuevo papel que te producen energía. Imagínate que estás viviendo esos momentos, logrando esas victorias, y sintiendo esas emociones. Dales a esas emociones todo el poder de tu enfoque, y en comparación, tus temores comenzarán a perder mucho de su poder. Recuerda que la atención amplifica todo.

SÉ ESPECÍFICA. Ser específica es el antídoto para la ansiedad. Pregúntate: «¿Cómo se ve el éxito en este nuevo papel? ¿Qué indicadores voy a usar para medir este éxito? ¿Qué fortalezas particulares tendré que usar para asegurar este éxito? ¿Cuáles son las acciones específicas que tendré que tomar enseguida?» Cada respuesta va a llenar los espacios en blanco de este nuevo y desconocido papel, y con cada nuevo detalle, tu temor va a disminuir todavía más hasta que todo lo que quede sea una punzada saludable de impaciencia para comenzar.

¿Cómo puedo superar mi ego?

En primer lugar, no hay nada de malo en tener un ego. La palabra ego tiene una mala connotación porque cuando la decimos pensamos en alguien *ególatra* o *egocéntrico*, pero esas palabras significan *exceso* de ego. El ego en sí, la necesidad de reclamar ser alguien de valor, es la fuente de mucho de lo que es noble en el mundo. Juana de Arco tenía ego, lo mismo que John F. Kennedy, la Madre Teresa, Margaret Thatcher y Mahatma Gandi. Todos creían que eran personas que podían marcar una diferencia significativa. Nada grande o glorioso sucede sin que alguien lo reclame.

La pregunta es, por supuesto, ¿a qué conectas tu ego? Tal vez escojas unir tu ego a tu título o a tu sueldo, ¿y quién soy yo para decirte que no lo hagas? Muchos sentimos un poco de emoción en nuestro ego al ver cosas simples, tales como notar lo que dice en nuestra tarjeta de presentación, o en las etiquetas de nuestra ropa. Pero si lo haces, debes saber que estas pequeñas muletillas pierden su poder si tu trabajo te agota. Puedes tener mucho éxito, pero no estás sirviendo tu ego en absoluto al estar desempeñando un rol que no se ajusta a tus fortalezas. Tu ego demanda que hagas afirmaciones osadas, que busques maneras mejores de hacer las cosas, de anhelar y ver un futuro mejor. Pero no harás ninguna de esas cosas si desempeñas un rol que no te fortalece.

Así que si estás preocupada con tu ego, dale lo que se merece, y escoge conectarlo con tus fortalezas. Tus puntos fuertes son lo mejor de quién eres, la parte más preciosa de ti. Examina muy en lo profundo de tu ser y verás que tu ego te está pidiendo que honres esta preciosa parte de ti. Te está pidiendo que te liberes de las esposas de terciopelo, y que le muestres al mundo todo lo que eres capaz de hacer.

Harás bien si lo escuchas.

¿Estoy demasiado vieja para cambiar de carrera?

Sé que puede ser desalentador que te descalifiquen de un puesto porque no tienes el título requerido o porque eres veinte años mayor que la siguiente candidata. Encontrarás cientos de entradas de mujeres de más de cincuenta años en el foro de Oprah.com, mujeres que comparten tu experiencia y frustración, y que te ofrecen historias de éxito y aliento.

Sin embargo, ten la seguridad de que hay pasos que puedes dar para batallar contra esas desventajas. He aquí tres que tal vez quieras probar:

RESALTA TUS VENTAJAS. En lugar de enfocarte en lo que no tienes, presta atención a lo que tienes. Una experiencia de veinticinco a treinta años es oro para algunos empresarios. Tú tienes la sabiduría, la experiencia y las fortalezas que otros candidatos solo pueden soñar, sin importar la cantidad de títulos universitarios que tengan en la pared. Practica resaltando tu experiencia como una ventaja. Acostúmbrate a hablar de la forma en que tu experiencia te ha ayudado y qué lecciones has sacado de eso.

TOMA ALGUNOS CURSOS, NO IMPORTA DE QUÉ. Tal vez esto te parezca extraño, pero en realidad no importa de qué son los cursos; inscríbete en algunos y tómalos. Lo que preocupa a algunos empresarios es contratar a alguien que está fuera de onda con la práctica y manera de pensar actual. Para combatir esto, pruébales que todavía quieres aprender. Prepara dos o tres ejemplos de los cursos que has tomado recientemente, por qué los elegiste, lo que has aprendido y la forma en que probarán ser útiles en el trabajo.

ELIMINA LO QUE TE DESCALIFICA. No saber usar un PDA [Asistente Personal Electrónico, por sus siglas en inglés] te descalifica. No saber usar los programas de computación Word, Excel o PowerPoint, o no saber cargar fotos en la computadora son descalificadores. Estás luchando con la percepción de que no estás al día con el mundo moderno de los negocios. Prepárate para probar que lo estás.

¿Desperdicié mi dinero estudiando una maestría en administración de empresas?

No, por supuesto que no perdiste el dinero.

En primer lugar, obtener una maestría es un logro significativo. Como descubriste, requiere disciplina, enfoque y sacrificio. Y tú lo hiciste. Te probaste a ti misma que podías tomar un deseo impreciso para mejorar, y transformarlo en dos años de esfuerzo diligente y de estudios intensos. Por un momento, deja de pensar en el futuro y celebra este logro. No puede haber excelencia sin celebración. Esto se aplica a todo en la vida, el trabajo, los hijos, las relaciones, y con toda seguridad se aplica a tu éxito en terminar tu maestría. Hiciste algo sobresaliente. Celébralo.

En segundo lugar, pasaste dos años aprendiendo el idioma de los negocios. No sé si te gusta analizar todas esas hojas de datos, trabajar con los valores netos presentes, y resolver ecuaciones en la ganancia que da el capital invertido, pero el hecho que terminaste la maestría me demuestra, a mí y a todo el mundo, que te sientes cómoda cuando «hablas de negocios». Esta habilidad tal vez no te ha dado el trabajo perfecto enseguida, pero te servirá muy bien durante todo el tiempo que trabajes en el mundo corporativo.

Y por último, esta maestría es una tarjeta de presentación de por vida, algo que siempre te servirá para separarte del resto de la multitud. No estoy diciendo que la única forma de tener éxito en los negocios es obtener una maestría. Tampoco estoy sugiriendo que lo que aprendes de los negocios en una universidad puede sustituir la experiencia y la responsabilidad de la vida real. Pero si quieres algo que te diferencie del montón de empleados con trasfondos similares al tuyo, una maestría servirá muy bien ese propósito.

¿Así que no conseguiste tan pronto saliste de la universidad de administración de negocios el brillante trabajo que quieres? ¿Y qué? Encontrar éxito en tu carrera rara vez sucede de la noche a la mañana. Como has visto a través de este libro, el éxito en una carrera es una *práctica* de toda la vida, una combinación fuerte de prestar atención, trabajar duro y en forma gradual mover tu vida hacia los momentos y actividades que te fortalecen. Lo que has conseguido con tu maestría es una *ventaja* única. Celebra esta ventaja, úsala donde puedas, pero no olvides que vas a construir tu carrera alrededor de la práctica de toda la vida de atrapar y sostener con cuidado tus momentos más intensos.

¿Estoy «mal» por no querer «más»?

Esta pregunta me recuerda la forma en que empecé este libro porque todo depende de lo que quieres decir con la palabra *más*.

¿Quieres decir más dinero? ¿Más responsabilidades? ¿O tal vez vas detrás de más reconocimiento, más estatus en tu trabajo? Porque si en realidad quieres más de esto, rechazar una promoción que trae con ella esas cosas, aunque no es necesariamente estar «mal», es ciertamente confuso.

Sin embargo, talvez no desees ninguna de esas cosas. Más dinero no te traerá necesariamente la felicidad. Más responsabilidad inevitablemente traerá consigo más tiempo en el trabajo, lo que significará menos tiempo con los hijos. Más reconocimiento y estatus se escuchan muy bien al decirlo, pero, como es probable que sepas, traen consigo grandes expectativas que, a su vez, te apartarán de tu familia.

Así que, desde mi punto de vista ventajoso, si en realidad no quieres esas cosas, no está mal rechazar una promoción que las traería.

¿Pero qué importa mi opinión? Es tu vida. Si lo que quieres decir por «más» es que quieres *más* tiempo con tus hijos, *más* momentos preciados mientras los observas hacer algo por primera vez o los escuchas decir una palabra nueva, lo que importa entonces es que lo confieses a ti misma, que te sientas cómoda con las implicaciones, y luego orienta tu vida a que ocurran más de esos momentos. Esta es una decisión buena y sabia porque nace de un deseo de crear más de una cierta clase de momento. Una clase de momento que sabes que te produce energía.

Al comienzo de *Dos extraños amantes* [película titulada en inglés *Annie Hall*], Woody Allen cuenta un chiste: «Dos ancianas están en un centro turístico en las montañas de Catskill, y una de ellas dice: "Oye, la comida en este lugar es malísima". Entonces la otra dice: "Sí, lo sé; y las porciones son muy chicas"».

La única mala decisión sería continuar tratando de conseguir algo que realmente no deseas.

¿Me debo enfocar en convertirme en una «experta» o debo capacitarme en varias disciplinas?

Si tu jefe te está pidiendo que te capacites en diferentes disciplinas, no lo contradigas. Haz lo que te pide y trata de obtener tanta experiencia como puedas en todos los aspectos del negocio. Esto no solo te dará una visión más completa del negocio, sino que, ¿quién sabe?, tal vez descubrirás fortalezas latentes que no sabías que tenías.

Sin embargo, no miraría este tipo de adiestramiento como el secreto para el éxito a largo plazo en tu carrera. El peligro es doble. Primero, que al saltar de un departamento a otro, nunca te haces experta en nada. Mas bien eres una principiante permanente, siempre aprendiendo cosas, siempre formulando las preguntas que hacen los aprendices. Es posible que alguien te diga que un par de ojos frescos proporcionan una perspectiva valiosa, y que todos deberíamos tratar de tener la forma de pensar de los novicios. Mi punto de vista es que esto suena bien como concepto, pero que no es práctico en el mundo real. En el mundo en que vivimos, a la gente no le gusta confiarle cosas a los principiantes. Quieren confiar en los profesionales.

Y esto nos lleva al segundo peligro: que, como la niña nueva en el departamento, eres la más vulnerable cuando, y si la organización tiene que reducir el número de empleados. Tal vez creas que las organizaciones valorizan más a los empleados que son versátiles y que pueden pasar de un papel a otro. Pero el mundo en que vivimos no funciona de esa manera. Si tienes la menor cantidad de tiempo y eres la menos experta en el departamento, muy probablemente serás la persona a la que despidan.

La mejor estrategia para el éxito continuo es desarrollar por lo menos un área en la que seas experta. Esta habilidad no solo te hará más valiosa para la organización, sino que también te debería permitir ver con más claridad el futuro. La sabiduría convencional sugiere lo opuesto —que si te enfocas demasiado en un área vas a estar menos abierta a ideas nuevas. Eso no es verdad. Cuando te especializas en un área, estás más consciente de los componentes de tu trabajo, y por lo tanto, a medida que tu dominio en la materia aumenta, te vuelves más capaz y estás más dispuesta a considerar estos componentes en busca de una manera más eficaz de hacer las cosas. También leerás más, y asistirás a más conferencias profesionales, y por lo tanto es más probable que te expongas a ideas nuevas y a innovaciones. En pocas palabras, tu dominio en la materia te hace más creativa.

En resumen, la pericia es lo mejor cuando se trata de tener una carrera larga. Te verán como alguien más confiable, más innovadora, y, a fin de cuentas, más valiosa.

¿Cómo puedo saber que voy por el camino correcto?

Soy un firme creyente en la sabiduría que nace del interior, así que mi primera respuesta es sencillamente: lo sabrás. En lo profundo de tu ser, lo sabrás.

Pero si eres más una persona que hace listas, he aquí diez señales que debes vigilar. Sabrás que marchas por el buen camino si:

- Te sorprendes a ti misma ansiando ir a trabajar.
- Haces planes detallados sobre cómo hacer las cosas mejor.
- Lees libros y revistas relacionados con tu trabajo.
- Aprendes nuevas destrezas con rapidez, como si las hubieras hecho antes.
- Te gusta tener actividades sociales con tus colegas después del trabajo.
- Le cuentas a tus amistades que no son del trabajo lo que ha sucedido en el trabajo.
- Le tienes confianza a tu jefe.
- Te sientes vigorizada, aun después de un arduo día de trabajo.
- Tienes la sensación de estar contribuyendo a algo más grande que tú misma.
- Te recuperas con rapidez de pequeños contratiempos.

TÁCTICAS PARA TENER RELACIONES MÁS SÓLIDAS

Una de las necesidades humanas más antiguas es tener a alguien que se esté preguntando dónde estás cuando no regresas al hogar de noche.

—MARGARET MEAD (1901–1978), antropóloga estadounidense

○ **¡Me agotas!**

○ **¿Cómo puedo profundizar mis relaciones?**

○ **¿Cómo puedo fortalecer mi matrimonio?**

○ **¿Cómo resuelvo nuestras diferencias?**

○ **¿Cómo persuado a mi compañero para que me apoye?**

○ **¿Cómo podemos dividir y conquistar?**

¡Me agotas!

Te entiendo. Solía trabajar con un hombre que me volvía loco. Era el tipo de persona que sin importar lo que yo hubiera hecho, tenía una historia de que había hecho lo mismo, solo que mejor. Lo llamaremos el Tipo Sabelotodo. Ya lo conoces: yo contaba sobre un negocio exitoso con un cliente; él contaba que su negocio había sido más impresionante. Yo presentaba una idea fantástica, él decía que ya había pensado en eso y la llevaba a otro nivel. Si yo decía que había escalado el Monte Everest; él decía que había aterrizado en la luna. Quería ser amable con él, y en realidad traté. Pero sin importar lo que hiciera, aquel hombre realmente me irritaba.

Cuando sabía que me iba a reunir con él, trataba de prepararme para presentarme fuerte y con un espíritu generoso. Sin embargo, muy pronto notaba que los hombros se me comenzaban a encorvar mientras lo escuchaba contar otra de sus historias. Solía mirarlo y pensaba (nunca lo dije, solo lo pensaba): *¡Tú me agotas!*

Entonces, ¿qué fue lo que hice? Usé una estrategia especial y te recomiendo que también la uses.

- Muy simple: *aléjate* de la persona. Una buena estrategia para usar en una mala relación es simplemente alejarte totalmente de la relación. Sé que no siempre es posible evitar a alguien por completo, pero debe haber algo que puedas hacer para reducir la cantidad de tiempo que pasas con esa persona. En mi caso, mantuve todas las reuniones importantes que tenía con el Sabelotodo, pero me excusé de los almuerzos, las consultas informales y las charlas innecesarias.

- *Asóciate* con alguien que vea a esa persona de forma distinta, alguien que pueda limar las asperezas. Junto con Sabelotodo, había otra persona en nuestro equipo era muy preguntona. Mientras que a mí se me ponía los pelos de punta cuando aquel hombre comenzaba a contar cómo había logrado esto y lo otro, esta persona le decía: «Cuéntame más. ¿Qué más hiciste?» Al principio, aquello me frustraba. *Por favor* —pensaba— *no le des cuerda para que empiece a hablar.* Pero poco a poco, su curiosidad innata me arrastró. Comencé a escuchar las respuestas del hombre, y algunas veces lo escuchaba decir algo que, bueno, era casi brillante. Fíjate si puedes encontrar una tercera persona cuya personalidad acepte la fricción.

- *Ofrece* alguna de tus fortalezas para colocarlo en un lugar donde deje de molestarte tanto. Soy una persona a la que le gustan los conceptos. Me encantan las ideas. Así que con Sabelotodo hice una especie de pequeña competencia conmigo mismo. En cada reunión traía tantas ideas, pensamientos, acciones e iniciativas como podía, y las exponía para ver si él podía dar una idea más que yo. En una forma extraña, él me motivaba para continuar ofreciendo mis puntos fuertes de las ideas, la motivación y el pensamiento conceptual. Y francamente, él presentó algunas buenas maneras de llevar al máximo mis ideas.

- Trata de cambiar la *perspectiva* que tienes de la persona que te agota. Mira a esa persona a través del lente de sus propias fortalezas. Siempre puedes escoger catalogar a una persona por lo que no aporta. En mi caso, tal vez el problema no era Sabelotodo, el problema era *mío*. Tal vez en lugar de verlo como que estaba compitiendo conmigo, yo podría haber mirado su comportamiento como una señal de que nunca estaba satisfecho. Quizás era una de esas personas que siempre estaba buscando maneras creativas de resolver asuntos, ideando mejor maneras de enfocar nuestro trabajo, un pionero. Traté de verlo bajo esta nueva luz y, francamente, trabajó muy bien por muchos años. Lo que comenzó como mi problema —él me agotaba— se transformó cuando cambié mi perspectiva. De pronto tuve una nueva y poderosa arma en mi equipo.

No estoy diciendo que esta estrategia siempre va a dar buen resultado, pero experimenta con ellas antes de darte por vencido con la otra persona. Podrías encontrar que hay una nueva relación esperando ser descubierta.

¿Cómo puedo profundizar mis relaciones?

Hay algunas maneras directas de ahorrar tiempo en manejar tus relaciones; por ejemplo, en vez de tratar de devolver cada obligación social en forma individual, puedes reunir a todos tus amigos en una cena o para un refrigerio; o, cuando quieres tiempo sola con alguna de tus amigas, puedes sugerir tomar un café en lugar de salir a almorzar. Pero no creo que esta sea tu pregunta. Quieres saber cómo establecer relaciones *genuinas* con tus amigos, a pesar de lo ocupada y ajetreada es tu vida.

Obviamente cada una de tus relaciones será singular, pero hay cuatro prácticas que te ayudarán a profundizar tu conexión con tus amigos:

ESCUCHA ATENTAMENTE. Ya sea que estén tomando un café, almorzando, cenando o conversando por teléfono, escucha. Podrás darte cuenta de que estás haciendo un buen trabajo escuchando si tu amiga sigue hablando; la conducta de la otra persona, no tu propio entendimiento, es la señal de un gran oyente. Si no puedes prestar toda tu atención cuando alguien habla, pídele que te llame a una hora diferente cuando la puedas escuchar atentamente, o piensa en una estrategia para manejar tu tiempo y poder escuchar con atención.

SÉ UNA PERSONA CURIOSA. La curiosidad es el antídoto de la suposición. Te expone a la experiencia de otra persona y desarrolla tu compasión. Si quieres amistades más cercanas e íntimas, demuestra genuina curiosidad por la otra persona. Presta atención a los detalles de las personas en tu vida. ¿Qué valoran? ¿Qué les interesa? ¿Cuáles son las cosas importantes con las que están lidiando? Sorpréndelas en días comunes y corrientes con demostraciones de aprecio (no tiene que ser necesariamente algo material) que les muestre que en realidad las escuchaste. No tienes que esperar por ocasiones especiales.

SÉ UNA PERSONA DIGNA DE CONFIANZA. No hay manera más rápida o más genuina de fortalecer una relación que no repetir las cosas que te confían. Cuando una amiga comparte un secreto, se está arriesgando contigo. Ahora tienes la oportunidad de probar que eres alguien en quien se puede confiar. Una amistad verdadera es un lugar donde no tienes que vigilar lo que sucede a tu espalda. Así que encuentra maneras de mostrar que eres digna de confianza.

DESCUBRE QUÉ TIPO DE AMIGA ERES. No eres el mismo tipo de amiga en todo tu círculo de amistades. Sí, tu personalidad y tus valores permanecen constantes con todo el mundo, pero una relación es una interacción, y la forma en que tu personalidad y tus valores interactúan variará con cada persona. Para una amiga serás su defensora y la persona que más la apoya. Para otra amiga serás el hombre sobre el cual llorar. Para otra, serás una amiga chistosa, mientras que para otra puedes ser la voz de la sabiduría. Tal vez te lleve un poco de tiempo descifrar lo que eres para cada una de tus amistades, pero vale la pena tomarse el tiempo para hacerlo. Una vez que sepas lo que cada amiga espera de ti, te puedes concentrar en suplir esas expectativas lo mejor que puedas. Esto hará que seas una amiga que siempre actúa de la misma forma, y el actuar de la misma forma crea confianza.

¿Cómo puedo fortalecer mi matrimonio?

Siempre habrá algunos elementos en tu relación que son inexpresables. Bueno, tal vez sean expresables, pero no son totalmente explicables. Jane y yo hemos estados casados por treinta años, y hasta el día de hoy hay algo en ella que encuentro cautivadoramente misterioso. Como que creo saber lo que es: es una combinación de consideración, compasión y su encantador buen humor. Pero esto no llega ni cerca de capturar lo que es, y aun si lo hiciera, todavía no podría explicar por qué parece ser algo nuevo y emocionante para mí cada vez que lo veo.

En tu relación vas a encontrar misterios encantadores. Y es mejor no formular demasiadas preguntas sobre ellos. Simplemente aprécialos y dale gracias a Dios de que fuiste bendecida con sensibilidad para reconocerlos.

Por supuesto que esto no quiere decir que no puedes hacer nada para fortalecer tu relación. Como describí antes en este libro, los momentos intensos del matrimonio están basados en la práctica de la generosidad. Esto es casi imposible de hacer si te faltan misterios encantadores porque todas las ilusiones positivas están edificadas en la verdadera confianza, y eso es un matrimonio fuerte.

Pero si existe algo verdadero en el centro de tu relación, hay mucho que puedes hacer para traer ese centro a la superficie. No todo va a ser de acuerdo a tu estilo, así que escoge las cosas que están de acuerdo y haz de ellas una práctica deliberada.

LLEVA UN DIARIO DE GRATITUD. Escribe acerca de las mejores características de tu esposo. Léelas con frecuencia. Como revelan los estudios, lo que percibes de él no solo le da color a tu realidad presente, sino que te da confianza en tu elección, causa que trates de conectarte con él en lugar de alejarte, y por lo tanto crea tu realidad futura. Así que cuando lo miras, escoge tus percepciones con cuidado. Le dan alas a tus deseos.

SORPRÉNDELO HACIENDO BIEN LAS COSAS. Busca evidencia de que es una persona amorosa, considerada y compasiva. Tal vez no te muestre siempre estas cualidades exactamente de la forma que a ti te gustaría, pero si las buscas, las encontrarás.

AVERIGUA CÓMO LE GUSTA QUE LE DEMUESTRES AMOR.

El dicho citado a menudo «trata a otros como te tratarías a ti misma», quiere decir que deberíamos ser tan amables y perdonar a otros como esperaríamos que ellos lo fueran con nosotros. *No* quiere decir que a todo el mundo le gusta que lo traten de la forma en que te gusta a ti. Así que no asumas que a tu esposo le gusta que le demuestren amor de la misma forma que te gusta a ti. Hay muchos libros buenos sobre el tema de las muchas maneras de mostrarle amor a otra persona *Los cinco lenguajes del amor*, por Gary Chapman es uno de los mejores[1]—, pero ningún libro jamás capturará la singularidad de tu esposo, así que nada puede sustituir el que tú prestes atención. A lo largo de tu matrimonio, observa, escucha, pregunta, y en forma gradual construirás un cuadro de la forma en que él se da cuenta de que lo amas.

DESCUBRE LAS ACTIVIDADES QUE MÁS LO FORTALECEN.

¿Cuáles son los momentos intensos en *su* vida? Tal vez sepas, en forma general, cuáles son sus metas y sus sueños —«es un hombre de familia», «es muy emprendedor», «ser servicial le da propósito a su vida»— pero, ¿sabes cuál fue el último momento que compartiste con él, que él realmente anheló? ¿Sabes cuando se encuentra cómodo en su trabajo? ¿Sabes exactamente qué es lo que espera obtener de sus amistades? Si estuvieras mirando las actividades de su calendario para la semana que viene, ¿podrías poner «F» y «D» en forma correcta al lado de cada una?

SEPARA TIEMPO PARA QUE SE MUESTREN APRECIO MUTUO.
En medio del ajetreo de la vida, puede ser difícil encontrar el tiempo correcto, o el momento adecuado, así que actúa con deliberación para encontrarlo. Si son una pareja en la que no existen las formalidades, simplemente haz tiempo todos los días para decirle una cosa que aprecias en él. Si hay más formalidades, separa una tarde para esto. Prepara las cosas y luego pasen tiempo dedicado a expresarse mutuamente apoyo amoroso. Díganse el uno al otro la forma en que la otra persona te hace la vida mejor. Dile a tu esposo lo que notas en él que te encanta; por ejemplo, la forma en que ejerce influencia en la vida de tus hijos, si los tienes. Usa ejemplos específicos para ilustrar lo que expresas. Muchas de las cosas más importantes de la vida nunca se dicen. No dejes que tu agradecimiento por la persona que él es en tu vida sea una de ellas.

Por supuesto que ninguna de estas cosas las puedes hacer tú sola. Lo ideal es que tu esposo esté haciendo lo mismo por ti. Supongo que cada uno podría esperar que el otro comenzara, pero tal vez vas a estar esperando mucho tiempo. Es mejor que tú seas la que comienza. Muéstrale cómo se ve y se siente recibir tus ilusiones positivas. Y él se sentirá más inclinado a seguirte.

¿Cómo resuelvo nuestras diferencias?

Desacuerdos, conflictos, discusiones... típicamente, a nadie le gustan estas cosas, pero cuando el motivo final es encontrar una solución que supla las necesidades de ambos, realmente pueden profundizar su conexión. He aquí una estructura simple a seguir:

DEFINAN EL ASUNTO DETRÁS DEL DESACUERDO. Un asunto no es nunca una persona. Siempre es un tema, un asunto, un comportamiento o un evento sobre el que hay un desacuerdo. Mantén el lenguaje neutral: «El asunto es los hábitos de dormir de nuestro hijo».

EVALÚEN EL ASUNTO DESDE EL MISMO LADO DE LA MESA.

Quiero decir esto literalmente. Sentarse del mismo lado de la mesa les ayudará a compenetrarse, conectarse, y finalmente asegura una comprensión mejor de la perspectiva de la otra persona.

PREGUNTA: «¿CÓMO SE VERÍA SI ESTO "FUNCIONARA BIEN"?», y luego sondea aun más con preguntas más específicas. Recuerda, tus preguntas deben formar conexiones entre los conceptos. El cambio sigue la dirección de tus preguntas. Si formulas muchas preguntas sobre por qué tu hijo se despierta de noche y lo que le impide permanecer dormido, y lo que cada uno de ustedes dos está haciendo mal cuando tratan de que se vuelva a dormir, los problemas de dormir del niño empeorarán, y lo mismo sucederá con su relación.

En cambio, si preguntan que sucedió la última noche que el niño durmió bien, qué pasó antes de que se acostara, qué comió, cuánto rato jugaste con él, si le leíste, la temperatura del cuarto, más y más profundamente en el detalle de cómo se ve lo que «funciona», tienes mucha más probabilidad de descubrir la solución y la discusión puede ser bastante agradable. Sé que suena como algo poco probable, pero pruébalo y verás.

BUSCA LOS INTERESES COMUNES PARA RESOLVER EL PROBLEMA. Por lo general un interés se relaciona al bienestar de la persona, así que es importante que los exploren a fondo y juntos. Pregúntale a tu esposo: «¿Por qué es tan importante esto para ti?» Una vez que lo escuchas decir cuál es su interés en resolver el asunto, es muy posible que encuentres puntos en los que se conectan los intereses de ambos.

COMPROMÉTETE A ENCONTRAR UNA SOLUCIÓN JUNTOS.

Pregúntale: «¿Qué opción es la que satisface lo que es importante para ambos?» Y la respuesta está abierta a que la solución sea algo completamente diferente a tus posiciones originales.

HAZ UN COMPROMISO FÍSICO DE TU COMPROMISO. Una vez que se hayan puesto de acuerdo sobre un plan de acción, hagan un compromiso físico: firmen un papel o los dos juntos crucen una línea en el piso. Intercambien un apretón de manos, si eso es todo lo que pueden hacer. Es algo simbólico y expresar el compromiso físicamente hará que a ambos les sea más difícil romperlo.

¿Cómo persuado a mi compañero para que me apoye?

Puedes tener miedo de tratar de persuadirlo porque asumes que su reacción va a ser negativa. Y este es un punto de partida muy débil. Haz todo lo que puedas para cambiar tu forma de pensar. Imagínate cómo sería un resultado positivo. En los ojos de la mente imagínate que tu esposo está de acuerdo contigo y que te apoya. Por sí sola, tu creencia no logrará que suceda, pero te dará un punto de partida sólido.

PREPARA EL ESCENARIO. Decide dónde y cuándo le hablarás del asunto. Escoge un lugar en el que te sientas fuerte y enfocada. Y luego decide, en tu mente, si estarás haciendo una presentación sobre por qué el cambio *tiene* que ocurrir, o si estarás debatiendo si el cambio *debe* ocurrir. Si piensas que van a tener un debate, lee otra vez la pregunta anterior. Si crees que estarás haciendo una presentación, prueba lo siguiente:

PRACTICA. Lo que sea que vayas a decir, asegúrate de practicarlo. Practica decirlo en voz alta con una amiga o tu padre o madre. Practica tus ejemplos, tu lógica, las preguntas que le vas a formular, tus respuestas a las preguntas de él. Practica todo.

DESCRIBE LO QUE TE IMPULSA. En primer lugar, explica por qué te sientes obligada a hacer un cambio. Habla sobre las actividades específicas en tu trabajo que te agotan, la forma en que luchas para concentrarte, la forma en que está llegando al punto de que no quieres levantarte por las mañanas. Y luego, habla con igual intensidad acerca de las actividades específicas del nuevo trabajo al que te sientes atraída. No comiences con el sueldo y los beneficios y los ascensos a largo plazo, aunque sean reales, porque nada te compensará por un papel cuyas actividades te debilitan. En cambio, colócate en medio de la experiencia. Sé fiel a tus emociones. Conviértete a ti misma, tus emociones, necesidades, el deseo de expresar lo mejor que hay en ti, en el impulso para el cambio.

DESCRIBE LOS BENEFICIOS. Describe la forma en que este cambio lo ayudará a él y a la familia. Obviamente, no exageres. No querrás extralimitarte y que tu argumento sea perjudicado. Simplemente expresa lo más claro que te sea posible por qué el resultado neto de este cambio será más positivo para todos. Sin embargo, si crees que te estás metiendo en una discusión sobre estos beneficios percibidos, regresa a hablar de ti misma y de tus emociones. Siempre regresa a hablar de ti misma. Tú y tu necesidad de expresar lo mejor de ti misma, ese es el verdadero impulso para el cambio.

RECONOCE SUS TEMORES. Dale la oportunidad de compartir lo que es importante para él. Demuestra curiosidad y formula preguntas para llegar al meollo de sus preocupaciones. Cuando escuches sus preocupaciones, no las refutes de inmediato. Deja que las exprese. Esto no solamente lo ayudará a sentir que lo escuchas, sino que te ayudará a formular una mejor estrategia: si sabes cuáles son sus verdaderos temores sabrás sus verdaderas necesidades, y así sabrás la mejor forma de manejar la situación para que sus necesidades sean suplidas.

PREPÁRATE PARA RESPONDER PREGUNTAS. Él querrá saber cosas como: ¿Vas a trabajar más horas? ¿Vas a estar fuera del hogar con mucha frecuencia? ¿Cómo afectará esto el tiempo que pasamos juntos? ¿Cuál será el impacto que esto tendrá en nuestros hijos? ¿Va a perjudicar el horario de ellos? ¿Cómo vamos a manejar las finanzas? Ten listas respuestas que se ajustan a la realidad.

¿Cómo podemos dividir y conquistar?

En una interesante, aunque poco sorprendente encuesta a 5,848 hombres y 10,293 mujeres llevada a cabo por la cadena televisiva MSNBC, se les preguntó si las tareas en el hogar las hacía solo una persona o si eran compartidas. El resultado reveló que setenta y cuatro por ciento de los hombres dijo que las tareas eran compartidas, comparado con solo cincuenta y un por ciento de las mujeres.

Así que, aparentemente, aunque vivimos bajo el mismo techo vemos las cosas un poquito diferentes. Si sientes que estás haciendo más de la parte que te corresponde, tu esposo, como muestra la encuesta, tal vez no lo esté viendo de esa forma.

No estoy diciendo que uno de los dos tiene razón y que el otro no, pero antes de que trates de equilibrar la balanza, debes saber que tal vez él no esté viendo el desequilibrio en forma tan extrema como tú, si es que acaso lo está viendo.

He aquí algunas estrategias para abrir las líneas de comunicación y, esperamos, que te sirvan para comenzar a inclinar la balanza.

COMO SIEMPRE, PREPARA EL ESCENARIO. Elige una hora para reunirte con tu esposo para hablar de tus responsabilidades en el hogar. Como máximo vas a necesitar veinte minutos. Escoge un lugar donde puedas escribir. *No* es necesario que vayas preparada con una lista de todo lo que haces tú y de todo lo que él *no* hace. En lugar de esto, hablen de todas las tareas que tienen que hacerse todos los días, las que se hacen todas las semanas, todos los meses y una vez por año. Escríbelas y agrúpalas por frecuencia.

BUSCA LOS PUNTOS FUERTES. Tomen turnos para hacer tareas que, aunque te sientas rara admitiéndolo, disfrutas cuando las haces. No asumas que porque detestas hacer algo, tu esposo también lo detesta. (Una de mis tareas favoritas es lavar los platos. Me encanta sentir el agua tibia. Más que eso, es algo en lo cual puedo experimentar un sentido inmediato de logro. Suena raro decirlo en voz alta, pero así es.) No te predispongas a la desilusión pensando que las tareas van a ser divididas en forma equitativa. A esta altura, simplemente enfócate en seleccionar las que sabes que te fortalecen. Si tus hijos tienen edad suficiente, inclúyelos en el proceso. Cuando tus hijos ven que trabajas arduamente para atender el hogar, van a estar más dispuestos a ayudar.

CONTRATA AYUDA PARA ALGUNAS DE LAS TAREAS. Bueno, ¿y qué haces con todas las tareas en la lista que nadie tiene aptitudes para hacer? ¿Puedes contratar a alguien para que las haga? ¿Puedes pagar para que alguien te venga a limpiar la casa dos veces al mes? ¿Contratar a un jardinero para que te corte el césped una vez por mes? ¿Contratar a un contador para que lleve cuenta de los gastos? Es obvio que tal vez tus finanzas no te permitan contratar todas las cosas, pero antes de que lo rechaces por ser demasiado caro, recuerda que tal vez puedas generar más entradas si tienes más tiempo, y si no tienes el estrés de hacer esas cosas al pagarle a alguien para que las haga. Aun si la ganancia neta es cero, la ganancia mental todavía puede hacer que valga la pena.

ALIVIA LO QUE QUEDA. Inevitablemente, aun después de contratar ayuda, quedarán algunas tareas que son debilitantes para ambos.

Algunas tareas son en realidad menos atractivas que otras (limpiar el baño por lo general va a la cabeza de la lista). Sé creativa en la forma en que las pueden llevar a cabo. ¿Por qué no limpiar el baño los dos juntos? O separar esas tareas entre los dos y cambiar de tarea el mes que viene. ¿O qué me dices de crear un programa de incentivos y darle un premio a la persona que tiene más puntos durante el mes? ¿Veinte puntos por limpiar lo que ensucia el perro y cinco puntos por limpiar el horno? Lo que sea que decidas, hazlo pensando en crear intimidad y hacerlo divertido.

ESTABLECE UNA REUNIÓN FIJA. Para mantener este plan en acción es importantísimo que tengas por lo menos una reunión mensual con tu esposo y tus hijos. Tal vez una reunión suene demasiado formal, después de todo estamos hablando del polvo, pero este paso se refiere a rendir cuentas. Es una forma de mostrarse mutuamente que respetan el tiempo y el esfuerzo de los demás.

APUNTA A «LO SUFICIENTEMENTE BIEN». Aprende a vivir con un poco de desorden. Si una pila de ropa sucia, un césped demasiado largo o unas pocas ventanas sucias es el precio que tienes que pagar para obtener la recompensa de un momento intenso yendo a patinar con la familia, o salir a cenar e ir al cine con tu esposo, que así sea.

TÁCTICAS PARA CRIAR HIJOS MÁS FUERTES

Mucho más que instrucción, los hijos necesitan
guía y comprensión.

—ANNE SULLIVAN (1866–1936), profesora estadounidense

● ¿Debo quedarme en casa para cuidar a los niños?

● ¿Qué hago si la maternidad me deja extenuada?

● ¿A qué edad voy a comenzar a ver las fortalezas
de mis hijos?

● Como madre, ¿qué tanto de la personalidad de mis hijos
puedo afectar?

● ¿Qué hago si los maestros insisten en enfocarse en las
debilidades de mis hijos?

● ¿Qué puedo hacer para ayudar a mis hijos a desarrollar
sus fortalezas?

¿Debo quedarme en casa para cuidar a los niños?

Existe una gran cantidad de información sobre si es una mejor elección quedarse en el hogar con los hijos o llevarlos a la guardería infantil. Cualquiera que sea tu opinión en este asunto, puedes encontrar un estudio que te apoye. Mi revisión de la investigación me lleva a esta conclusión: ya sea que las madres trabajen o no fuera del hogar durante los primeros tres años de la vida de un niño, eso no tiene efectos negativos en el desarrollo social e intelectual del niño. No dañarás a tus hijos si trabajas.

He aquí lo que encuentro mucho más interesante: Como una madre que trabaja, ¿sabes qué es lo que quieren tus hijos? Como mencioné al principio de este libro, bajo los «Diez mitos», en un estudio nacional representativo de más de mil niños, se les preguntó a niños entre el tercer grado y el duodécimo grado: «Si se te concediera un deseo que cambiara la forma que el trabajo de tu madre o tu padre afecta tu vida, ¿cuál sería ese deseo?» En un estudio paralelo, se les pidió a más de seiscientas madres y padres empleados que trataran de adivinar cuál era el deseo de sus hijos. He aquí lo que encontraron los investigadores: «La mayor parte de los padres y madres (56%) dijeron que sus hijos querían pasar más tiempo con ellos. Pero «más tiempo» no estaba a la cabeza de la lista de deseos de los hijos. Solo un 10% de los hijos escogió ese deseo sobre sus madres, y un 15.5% lo escogió sobre los padres. La mayoría de los hijos quisieran que sus madres (34%) y sus padres (27.5%) estuvieran menos estresados y cansados».[1]

Tus hijos no quieren más de tu tiempo, quieren más de tu felicidad.

Así que la mejor pregunta que te puedes formular no es: «¿Debería trabajar o quedarme en casa?», sino más bien: «¿Cómo puedo criar hijos fuertes y sentirme feliz y realizada?» Hemos tratado la segunda parte de la pregunta a lo largo de todo este libro. Vamos a tratar la primera parte en las preguntas que siguen a continuación.

¿Qué hago si la maternidad me deja extenuada?

No eres la única en esa posición. Todavía no he conocido a ninguna madre a la que le encante ser mamá todo el tiempo. Y esta no es solo mi opinión. Varios estudios bien realizados encuestando a padres y madres y a personas que no tienen hijos revelan que los hijos no te hacen más feliz.[2] Sí, acabo de escribir eso. Sé que suena como una locura porque tenemos creencias culturales de que los hijos son la clave para la felicidad y una vida sana, y bueno, no lo son. Los padres y las madres no solo reportan niveles más altos de estrés que los que no tienen hijos, como te puedes imaginar, considerando que la crianza de los hijos se siente como caminar con el corazón fuera del cuerpo, sino también niveles más altos de aburrimiento: otro viaje al centro comercial, ¿quién se anota? ¿Quince minutos más de empujar el mismo juguete de plástico tirado en el piso? ¿Quién quiere preparar otra comida con la que tu hijo va a jugar en el plato y finalmente no comerá?

No me malinterpretes. Sé que amas a tus hijos más que a nada (al igual que yo), y que no te puedes imaginar la vida sin ellos. Pero el regalo que te otorgan no es la felicidad. Es intensidad, significado y propósito. Y los estudios apoyan esto: los padres y las madres reportan niveles más altos de propósito en sus vidas que los adultos que no tienen hijos.

No te conviertes en madre para, necesariamente, sentirte feliz. Te conviertes en mamá para amar a tus hijos y ayudarlos para que hagan la contribución más grande que les sea posible hacer al mundo.

Si te está dando trabajo lograr eso, enfoca la maternidad como enfocarías cualquier otra área de responsabilidad en la vida. Si dices:

«Estoy comenzado a detestar la clase de madre en la que me he convertido». Mi pregunta es: «¿Cómo lucía la madre que eras?» Cuando estabas criando a tus hijos y disfrutándolo, ¿cuáles eran las actividades que te hacían sentir fuerte y realizada? ¿Qué estabas haciendo en esos momentos? Sé específica y busca bien en tu archivo de experiencias. No es que tus debilidades radican en ser madre, es que ciertas actividades en las que actualmente estás enfocada o realizando te resultan agotadoras.

Así que medita en lo que sucedía cuando ser madre «funcionaba» para ti. Trata de señalar unos pocos momentos intensos específicos y desequilibra tu vida hacia ellos: recréalos deliberadamente y luego celébralos cuando suceden. Es muy posible que descubras cómo inclinar tu rol de madre para que esté mejor alineado con lo que te fortalece.

Si después de buscar momentos intensos y encontrar unos pocos llegas a la conclusión de que no hay suficiente con respecto a la crianza de tus hijos como para llenar tu copa, entonces busca fuera del hogar otras fuentes de fortaleza. Trabajar a medio tiempo, trabajo en instituciones benéficas, tiempo con tus amigas, hacer ejercicio... cualquiera de estas actividades te puede dar la energía que necesitas.

A lo que tal vez digas: «Me encantaría pero no tengo tiempo. Tengo que estar disponible para mis hijos».

A lo que te respondería: «No estás ayudando a nadie, y mucho menos a tus hijos, si no te cuidas a ti misma. Tu vida *tiene* que fortalecerte para que puedas apoyar a las personas que amas».

¿A qué edad voy a comenzar a ver las fortalezas de mis hijos?

Si bien es cierto que existen en la vida muy pocos «debería» totalmente definidos, este bien puede ser uno de ellos. Debes estar muy pendiente a las fortalezas de tus hijos pues ya para su segundo cumpleaños te han mostrado un caudal de claves sobre cuáles son esos puntos fuertes.

Una de las primeras oraciones que salió de la boca de mi hija fue: «Ese collar es muy bonito». Le estaba hablando a Jane, y cuando esta oración completa salió de su boca de tres años, es justo decir que nos sorprendimos por dos razones. En primer lugar, ella casi no había puesto dos palabras juntas hasta ese momento; y en segundo lugar, al hacerle un cumplido a su madre, sabía con exactitud lo que estaba haciendo: más que simplemente ser amable con su mamá, sabía que lo que estaba haciendo era usar algo que le daba una ventaja, y que en algún momento de un futuro no muy distante, podría usar esa ventaja para conseguir algo que quisiera.

Este es un concepto increíblemente sofisticado para que lo entienda una niña de tres años. No se lo habíamos enseñado. Nadie se lo había enseñado. Lilia nació con un entendimiento innato del concepto de altruismo recíproco; en otras palabras: «Yo hago algo que te gusta a ti, y tarde o temprano, tú harás algo que me gusta a mí». No es algo que haga un hijo que tiene un hermano mayor, ni tampoco que haga una niña. Es algo que hace Lilia (creo que su papel principal es persona influyente).

Noté por primera vez esta «curiosidad» de Lilia una mañana cuando caminaba por el pasillo de su escuela desde la sala de conferencias en dirección a su clase. Lo que nos debió haber tomado tres minutos, nos llevó veinte, porque cada pocos metros, alguien la abordaba con cierto tipo de grito o chillido, y luego una especie de abrazo cariñoso de las niñas del cuarto, quinto y sexto grado. En aquella época Lilia apenas tenía cuatro años de edad y había estado en aquella escuela solo dos meses. De alguna forma, durante esos dos meses ella se las había arreglado para ganarse el corazón de alumnas que ni siquiera debían saber que ella existía.

Y llamo a eso una fortaleza, o por lo menos el comienzo de una fortaleza o un talento natural, por decirlo así, y lo notamos cuando tenía tres años.

Lo mismo ocurrirá con tus hijos. Muy pronto después de su nacimiento, la conducta de los niños adquiere patrones que se repiten, y con cada mes que pasa, a medida que interactúan con el mundo, y a medida que empiezan a hablar, esos patrones se fortalecen y se hacen más predecibles.

Busca esos patrones desde los primeros momentos, mantén un diario de lo que disciernes y descubres de cada hijo, y le harás a cada uno el regalo más preciado: tu comprensión.

Como madre, ¿qué tanto de la personalidad de mis hijos puedo afectar?

Estimado Marcus:

Mi hija tiene diez años y me la paso peleando con ella todo el tiempo. Ella pelea por todo. Cuando no limpia su dormitorio, y le digo que vaya y guarde todas sus cosas, siempre terminamos en una gran pelea y ella me da una excusa tras otra explicando por qué no es culpa suya que su dormitorio esté tan desordenado. Si no detengo la discusión y la mando a su cuarto, le aseguro que ella continuaría discutiendo durante toda la noche. ¡Siento que me quiero arrancar los pelos! Esto realmente está afectando nuestra relación. ¿Va a ser ella siempre así? ¿Qué puedo hacer para detener sus peleas y discusiones?

Querida X:

Al principio esto no te va a servir de mucho consuelo, pero no puedes parar sus peleas y discusiones. Así es ella. Tal vez sea una molestia y desafío para ti, como su mamá, pero es uno de sus talentos naturales. No se lo diste y tampoco se lo puedes quitar. Todo lo que puedes hacer, todo lo que un padre o madre puede hacer con un hijo, es ayudarle a canalizar sus fortalezas de una forma productiva.

Para darte un poco de antecedentes en esto, lo que necesitas recordar es que tú, la madre, no afectas significativamente la personalidad de tu hijos en absoluto. Puedes afectar sus valores, puedes afectar su educación, puedes afectar las nuevas destrezas a las que es expuesta, y hasta puedes afectar lo cómoda que puede sentirse con respecto a los altibajos de su personalidad. Pero tú no creas su personalidad.

Muchos de nosotros creemos que en nuestra sociedad existe un debate entre la naturaleza y la forma de criar a nuestros hijos. Esto es lo que nos lleva a preguntarnos: «¿Hice competitivo a mi hijo porque lo hice participar en muchos deportes cuando era pequeño, o simplemente nació competitivo?» Y nos gusta pensar que ese debate es una de esas cosas desconocidas, una pregunta metafísica que podemos discutir toda la noche y nunca obtener respuesta.

La verdad es que este debate se solucionó en forma decisiva hace más de una década. Y se solucionó por medio de un cuidadoso estudio de personalidades de gemelos idénticos que fueron adoptados por familias diferentes y criados separados, en hogares diferentes, por padres diferentes. Para responder a la pregunta naturaleza-crianza, todo lo que debes hacer es averiguar si la personalidad de los gemelos es más parecida a la de los padres que los criaron, o más parecida a la de los padres que los concibieron. Y la respuesta a esa pregunta es siempre la misma: las personalidades de los gemelos se parece significativamente más a la personalidad de los padres que los concibieron, y no se parece en absoluto a la de los padres que los criaron.[3]

Esto no quiere decir que no tengas ninguna influencia en la forma en que se comportan tus hijos. Simplemente quiere decir que cada niño es bendecido con un patrón singular y único de tendencias y talentos, y que tú, la madre (o padre) tiene que tratar de formar y moldear esos patrones para que lleguen a ser útiles. En mi primer libro escribí que los mejores gerentes del mundo rigen su vida por la siguiente mantra: «No trates de añadir lo que Dios omitió. Trata de resaltar lo que Dios incluyó. Eso ya es suficientemente difícil».

Esto se aplica de igual forma a los padres y las madres.

Así que antes de enfrascarte en otra discusión con tu hija, piensa detenidamente cómo puedes usar su talento para discutir, y darle forma para que esto la ayude en lugar de dañarla.

No conozco a tu hija, pero he aquí algunas sugerencias:

DEJA DE CULPARTE POR SU COMPORTAMIENTO. Luego de leer tu nota, no estoy seguro si te estás culpando o no, pero si lo estás haciendo, por favor no lo hagas más. No hay nada que hayas hecho cuando era bebé, ni ningún error que hayas cometido como madre. Si tienes dudas de esto, imagínate que ella fuera alguien que abandona las discusiones con mucha facilidad, y no tuviera ni las ganas ni la habilidad de discutir. Ahora imagínate todo lo que tendrías que enseñarle para que se convirtiera en una discutidora fenomenal; imagínate todas las contestaciones que tendrías que enseñarle y la instantánea invención de una excusa tras otra, el deseo inquebrantable de ganar una discusión, y aun la indignación justificada cuando se equivoca. No lo podrías hacer. Ni siquiera podrías acercarte.

PÍDELE QUE TE DESCRIBA SUS FORTALEZAS. Antes de comenzar una conversión sobre su inclinación a las peleas, háblale de sus fortalezas. Tal vez no te resulte hacerlo en una sola conversación, así que prepárate para tratarlo en varias. Pero cualquiera que sea la forma en que lo hagas, la clave es que ella hable de sus fortalezas.

EXPLÍCALE QUE SUS FORTALEZAS SON AQUELLAS ACTIVIDADES QUE LA HACEN SENTIR FUERTE. Muchos niños confunden «fortaleza» con «desempeño». Las escuelas cometen este error muy a menudo, así que prepárate para explicar la idea de que las dos cosas son diferentes. Hemos tratado esto en muchas escuelas y hemos descubierto que los niños entienden la diferencia de inmediato. Y realmente no es sorprendente, considerando que casi todos los estudiantes tienen algunas materias en la escuela en las que se destacan, pero que les aburren hasta las lágrimas.

Tu mayor desafío será persuadir a tu hija de que, en realidad, ella es la mejor jueza de sus fortalezas. Después de todo, la lección que mejor enseñan las escuelas es que «tú, el niño, no eres el experto en lo que a ti respecta, somos nosotros. Nosotros te ponemos las notas, te evaluamos, te corregimos, sabemos la respuesta correcta y tu tarea es aprender cuál es esa respuesta».

Vas a tener que reeducar a tu hija y enseñarle que, en lo que respecta a sus fortalezas, *ella* es la que tiene la respuesta correcta. Hazle preguntas como: «¿Cuándo fue la última vez que un día se te pasó volando? ¿Qué estabas haciendo?» O: «¿Hubo alguna parte en el día de ayer que esperaste con anhelo? ¿Cuál fue?» Y luego dile que eso de lo que ella está hablando son sus verdaderas fortalezas.

SI ELLA NO LO MENCIONA, DILE QUE TÚ CREES QUE UNA DE SUS FORTALEZAS ES DEBATIR. Afírmale que este es una fortaleza muy útil y que parece que ella tiene una buena dosis. Háblale sobre cómo y en qué ocasiones esta fortaleza le será útil; como por ejemplo, para defender a sus amigas o para obtener más información de una de sus maestras. Menciónales a algunas personas famosas que también tuvieron esta fortaleza y la forma en que la usaron para hacer una gran contribución al mundo.

POR ÚLTIMO, EXPLÍCALE QUE LAS FORTALEZAS SON PODEROSAS Y QUE UNO DE LOS DESAFÍOS ES APRENDER LA FORMA DE USAR ESE PODER. Por ejemplo, explícale que como alguien que se siente cómoda discutiendo, se la podría pasar debatiendo constantemente, discutiendo todo el tiempo; pero que las personas que usan bien esta fortaleza, en realidad lo hacen para obtener un resultado. Dile que la próxima vez que esté discutiendo acerca de algo, que se detenga y piense: *¿Cuál es el resultado que quiero obtener?*, y que se asegure de enfocar su argumento hacia ese resultado. O dile que los grandes oradores que poseen esta fortaleza siempre piensan acerca de la persona con la que están debatiendo, y que siempre adaptan su argumento para que sea persuasivo para esa persona (lo que, en el caso de ella, quiere decir pensar en la mejor manera de persuadirte a ti).

Tal vez creas que esto es demasiado sofisticado para pedir a tu hija de diez años que lo haga, pero te sorprenderás. Cuando logras que tus hijos hablen del tema de sus fortalezas, a menudo están años luz adelantados con respecto a sus edades, y a veces años luz adelantados con respecto a ti. Al igual que Lilia es mucho más inteligente de lo que debería ser en el área de la reciprocidad, así mismo tu hija se mostrará entusiasmada con las posibilidades y las innovaciones de debatir en forma eficaz.

¿Qué hago si los maestros insisten en enfocarse en las debilidades de mis hijos?

Entiendo por qué tantos maestros creen que su responsabilidad es enfocarse en mejorar las áreas débiles de los niños. Saben que un niño tendrá dificultades si no saca las notas necesarias, así que quieren hacer lo más posible para que el niño mejore en las áreas en que pasa trabajo. Y hacen todo esto con las mejores intenciones.

Y sin embargo, como ya sabes, si bien es cierto que esto puede ayudar a tus hijos a sobrevivir —lo que ciertamente tiene valor— no les ayudará a destacarse. Y la excelencia, ayudarlos a encontrar su voz y a hacer la mayor contribución posible al mundo, debe ser tu enfoque principal.

Para ayudar al maestro de tus hijos a que colabore en esto:

MANIFIESTA TU CREENCIA EN FORMA CLARA. Expresa este punto a menudo y en forma clara: «Quiero alentar y mejorar el aprendizaje de mi hija, pero creo que sus mejores oportunidades de aprendizaje se encuentran en las áreas en las que aprende bien».

DESCÚBRANLAS JUNTOS. Pregúntale al maestro: «¿En qué se destaca ella? ¿Qué es lo que aprende con más facilidad?» Ayuda al maestro diciéndole cuales son las actividades en tu hogar que has notado que hacen que tu hija cobre vida.

APROVECHA SUS FORTALEZAS. Pregunta: «¿Cómo podemos aplicar lo que ella aprende bien en las áreas en las que tiene dificultades?» ¿Se destaca en las matemáticas pero pasa trabajo con la escritura? Pide que le permitan escribir sus preguntas de matemáticas usando números en lugar de palabras. ¿Es sorprendentemente buena organizando pero tiene dificultad con las divisiones largas? ¿Podemos ayudarla a ver la división en la misma forma que organiza su casillero o su clóset? ¿Es muy buena dibujando pero escribe con faltas de ortografía? Después de que los alumnos hayan leído un libro juntos, ¿podemos pedirle a ella que dibuje lo que significan las palabras más difíciles, para que las pueda aprender, y tal vez para que otros que aprenden visualmente también puedan aprender más fácilmente?

No todas las sugerencias van a ser recibidas con entusiasmo, pero mientras que tú seas clara, específica y positiva, encontrarás que la mayoría de los maestros gravita hacia cualquier idea que ayude a un niño a aprender y a desarrollarse.

¿Qué puedo hacer para ayudar a mis hijos a desarrollar sus fortalezas?

Cada niño es bendecido con un alma singular y única, cuya voz es hermosa, perfecta y quiere ser escuchada. Como madre, tú no creas a tus hijos, sino que creas las condiciones que les permiten expresar esta voz hermosa y perfecta.

¿Cómo puedes crear esas condiciones?

OBSÉRVALOS. Pasa una hora por semana haciendo exactamente lo que él o ella quiere hacer. No los juzgues. Simplemente pregunta qué quiere hacer por una hora, y hazlo con él o ella. Podría ser algo que apruebas, como dibujar, o algo que desapruebas, como jugar un videojuego, pero hazlo de todas formas. Y observa mientras lo hace. ¿Qué patrones estás viendo? ¿Qué parte de la actividad la intriga? ¿Qué parte anhela hacer?

AYÚDALES PARA QUE DOMINEN LO QUE HACEN. Dale todas las posibilidades para que tu hijo o hija pruebe nuevas destrezas, preséntale muchas oportunidades, pero dirígelo(a) solo a unas pocas. El dominio de algunas cosas le servirá enormemente cuando crezca. Es un sentimiento muy particular, y para experimentarlo, él o ella deberá aprender a escoger una destreza particular, y luego ponerse metas que sean un desafío, metas que le harán esforzarse y le mantendrán activo, pero que no sean tan difíciles que no las alcance y se sienta desmoralizado. Debe descubrir cómo aprende, y cómo practica, y lo que sucede cuando no practica, y cómo responde a este y a ese otro maestro, y lo que se siente cuando despliega ese dominio de alguna materia para que lo vea todo el mundo. Tú podrás hablarle de cada uno de estos sentimientos, pero solo tratando en forma deliberada de llegar a dominar algo es que él o ella podrá tener esta experiencia.

ENSÉÑALES A IDENTIFICAR SUS PROPIAS FORTALEZAS.

Cuando tu hijo o hija tenga nueve o diez años, podrás enseñarle la diferencia entre sus fortalezas, las actividades que le hacen sentir fuerte, y su desempeño. Con rapidez lo comprenderá, mientras que tú, sus maestros, sus entrenadores y sus amistades tal vez sean los mejores jueces de su desempeño, ella o él es el mejor juez de sus fortalezas. Dos veces al año, pídele que lleve consigo una libreta de notas durante una semana y que anote las actividades que le fortalecen y las que no la fortalecen, y luego ayúdale para que escriba tres declaraciones de sus fortalezas. Sus primeros esfuerzos tal vez sean generales, como: «Me gusta hablar con mis amigas», si tienes una hija. Le puedes ayudar a que sea más detallada en sus descripciones preguntándole: «¿Cuál es el verbo? ¿Qué es lo que en realidad estás *haciendo* con tus amigas? ¿Están simplemente hablando? ¿O se están riendo, contando historias, o resolviendo un problema?» Tal vez creas que esto es demasiado para una niña de nueve años, pero te sorprenderá lo mucho que ella sabe sobre sí misma. Ayúdala para que observe sus emociones detenidamente, y ella te revelará esos detalles y sutilezas.

GUÍALES A HACER UNA CONTRIBUCIÓN. Tus hijos han sido

bendecidos con fortalezas maravillosas. Pero esta belleza implica responsabilidad: expresar esas fortalezas para servir a algo más grande que ellos mismos. Esta no es una responsabilidad genérica. Es específica para él o ella. Desde una edad temprana, le puedes preguntar cómo está usando lo mejor de sí para ayudar a otras personas. ¿Para qué cuentan con ella sus amigas? ¿Qué contribución singular puede hacer él a su clase? ¿Qué es lo que buscan en él o ella sus compañeros de equipo? Descubrirás que él o ella, al igual que todos los niños, es individualista por instinto; sabe que la gente es diferente en lo que respecta a sus talentos y tendencias. Para cuando tenga tres o cuatro años de edad, tu hijo o hija debería poder tener conversaciones detalladas contigo acerca de cómo es diferente de sus amigos o amigas y qué cualidades únicas aporta a su pequeño mundo. A medida que crezca, estas conversaciones se harán cada vez más profundas. Úsalas para guiarlos a hacer una contribución deliberada y distintiva hacia los demás.

ENSÉÑALES A USAR SUS FORTALEZAS PARA COMPENSAR POR SUS DEBILIDADES Y CONTRATIEMPOS. El mundo continuará tratando de llevar a tus hijos hacia lo que ellos no son. Les enseñará que la mejor manera de resolver los problemas es enfocándose en ellos. Les enseñará cuántas cosas hay en el mundo que producen temor. Tú puedes proveer la influencia neutralizadora en su vida. Les puedes enseñar a usar sus fortalezas para vencer o lograr que sus debilidades sean irrelevantes. Les puedes enseñar que enfocarse en cómo se ve lo que «funciona» es una forma mucho más eficaz de resolver problemas. Les puedes presentar la idea de que, mientras que hay muchas cosas que producen temor en el mundo, hay muchas más en las que podemos depositar nuestra confianza.

SÉ EL MODELO DE TUS HIJOS. No tienes que ser perfecta... ellos no lo creerían aunque pretendieras serlo. En cambio, sé alguien que busca. Muéstrales que tú también tienes una voz única y hermosa que pide ser escuchada, y, que al igual que ellos, estás buscando la forma de usar esa voz para beneficio de otros. Diles cuál es tu papel principal. Comparte tu *declaración de fortalezas* con ellos. Muéstrales la forma en que tus fortalezas te ayudaron cuando las circunstancias te resultaron adversas. Deja que ellos se unan a ti en tu jornada.

TÁCTICAS PARA ALCANZAR UN FUTURO MÁS PLENO

La vida misma es el atracón apropiado.

—JULIA CHILD (1912–2004), chef estadounidense

◉ **¿Cómo puedo dejar de sentirme abrumada?**

◉ **¿Cómo puedo recuperarme de los reveses?**

◉ **¿Cómo puedo tomar decisiones que luego no tenga que lamentar?**

¿Cómo puedo dejar de sentirme abrumada?

No vas a poder cuidar a las personas que amas a menos que te cuides a ti misma. Así que, para dejar de sentirte que eres arrastrada en un millón de direcciones, trata esta secuencia de pasos:

ESCRÍBELO. Quítate esta congoja de la mente y escríbela en un papel, para que puedas distanciarte un poco. Escribe cada tarea que te venga a la mente por la que te sientes preocupada.

AGRUPA TUS TAREAS. Una vez que las hayas escrito, divide tus tareas y las cosas pendientes por hacer en grupos grandes. Es probable que pienses en tu propia lista, pero para que comiences prueba: familia, hijos, carrera, cónyuge, salud. El agrupar lo que tienes que hacer te ayudará a ver el mundo con más claridad.

SÉ SELECTIVA. El que te sientas abrumada no surge de que tengas demasiadas cosas que hacer, sino de tener demasiado poco de lo que te fortalece. Las actividades específicas que te fortalecen han sido ahogadas por todas las otras cosas. Así que mira tus listas y dale prioridad a las cosas que te hacen sentir fuerte. ¿Cuáles son las que te encanta hacer? ¿Cuáles son las que realmente anhelas hacer? Planea hacer esas cosas primero, y busca una forma simple de celebrarlas una vez que las hayas completado. El anhelar esas actividades te dará fortaleza y resistencia para completar todo lo demás.

PONTE EN ACCIÓN. La acción es el antídoto para sentirse abrumado. A menudo no son las actividades en sí las que nos producen el estrés sino nuestra preocupación sobre esas actividades. Simplemente comienza. Muy a menudo, la simple acción de comenzar a hacer algo aliviará la ansiedad y el estrés que se ha acumulado.

ENFÓCATE. Enfócate en la tarea que tienes por delante. Piensa en lo que estás haciendo en lugar de pensar en lo que todavía te falta hacer. La preocupación y el tiempo tienen una relación inversa. Cuanto más tienes de uno, menos tienes del otro. Ambos son suspendidos cuando simplemente te enfocas en lo que tienes frente a ti en este momento.

¿Cómo puedo recuperarme de los reveses?

Aunque usamos la palabra *recuperarse*, la he usado un par de veces en este libro, la verdad es que no te recuperas. Lo que haces es que vuelves a *construir*. Recuperarse de cualquier situación traumática es un proceso que sucede en incrementos, es intencional y toma tiempo.

NO ESPERES RECUPERARTE DE INMEDIATO. Si lo haces, estarás imponiéndote algo imposible.

CONTINÚA MOVIÉNDOTE. Estar sentada en tu casa esperando a que algo suceda, es simplemente... una receta de espera. Así que busca algunas cosas pequeñas que puedes hacer con el tiempo que tienes. ¿Puedes completar algunos proyectos en tu casa? ¿Puedes inscribirte en algún curso en la universidad local? ¿Puedes sacar alguna licencia profesional?

ENCUENTRA A ALGUIEN A QUIEN PUEDAS AYUDAR. ¿A quién puedes ayudar? ¿Puedes encontrar una organización sin fines de lucro local que se pudiera beneficiar de tus habilidades? ¿Hay un pariente anciano a quien no has visto durante un tiempo a quien le encantaría tu compañía? Trata de encontrar a alguien, en realidad no importa quién sea, que valore lo que puedes ofrecer.

CONCÉNTRATE EN LAS COSAS QUE SON SEGURAS. ¿Qué momentos intensos todavía son posibles en tu vida? Haz lo más posible por recrearlos esta semana, y celébralos. Y recuerda, *celebrar* no significa solo aplaudir y vitorear. Significa prestarles tu completa atención. Significa pensar en formas creativas de edificar basándote en esos momentos. Quiere decir preguntarte: «¿Adónde me podrían llevar? ¿Quién se podría beneficiar de lo mejor que hay en mí?»

USA ESTA CRISIS PARA ACLARAR QUIÉN ERES REALMENTE Y LO QUE ES IMPORTANTE PARA TI. No te voy a decir que mantengas una actitud positiva pues eso es pensar que «todo va a estar bien», y esto no ayuda. Pero te diré que se pueden encontrar oportunidades en un contratiempo, y que la oportunidad es tener más claridad sobre qué aspectos de ti misma puedes confiar más. Cuando el viento no está soplando es difícil separar las fortalezas de las debilidades. Es difícil ver lo que es singularmente poderoso en ti. Pero cuando estás en medio de la tempestad, tus debilidades están en el suelo, mientras que tus fortalezas se están de pie. La palabra *crisis*, en realidad viene de la palabra griega *krisis*, que significa decidir. Los contratiempos pueden revelar lo que eres en lo más profundo de tu ser; te pueden desafiar para enfrentar lo que es importante para ti, así que te ofrecen la rara oportunidad de *decidir* qué camino tomar.

¿Cómo puedo tomar decisiones que luego no tenga que lamentar?

El lamentarse, aunque es un sentimiento poderoso y debilitante, no existe en el presente. Solo es posible lamentarse cuando miras al pasado, después de haber tomado la decisión, después de haber visto el resultado de tu decisión y, por alguna razón, deseas que el resultado hubiera sido diferente. Retrospectivamente, puedes lamentarte, literalmente llorar sobre algo, de un *resultado*.

Pero nunca puedes lamentarte por una decisión. Una decisión existe en el presente y afecta el futuro. Y puesto que nunca sabrás por adelantado si una decisión es la correcta, no puedes ver el futuro, tu meta más realista es tratar de tomar tu decisión con confianza. No puedes controlar el resultado, pero puedes controlar la forma en que piensas en y a través de tu decisión.

La forma típica de pensar en una decisión es analizar todas las variables, hacer listas de cosas a favor y de cosas en contra, y ver qué lista es la que gana. ¿Has tratado de hacer esto alguna vez? Cada vez que lo hice, encontré que, a medida que hacía la lista, en forma deliberada maniobraba una de las listas así que para cuando terminaba, mis cosas a favor y las en contra señalaban la decisión que ya había tomado. Y lo sabía. No me había engañado a mí mismo. Lo que significaba que no terminaba con más confianza en mi decisión.

El secreto de tomar decisiones con confianza no radica en el análisis ni en el hacer listas; radica en tener acceso a las emociones que de todas formas tomarán la decisión. Para llegar a esas emociones y canalizarlas —opuesto a ser sorprendida por ellas más tarde—, siempre hazte estas tres preguntas antes de tomar una decisión importante en la vida:

¿Qué decisión será la que me capacite para experimentar *más* momentos intensos en cada aspecto de mi vida?

¿Qué decisión me proporcionará la mejor oportunidad para *aprender* más en mis áreas de fortaleza?

¿Qué decisión me permitirá hacer la mayor *contribución* en mis áreas de fortalezas?

Cada una de estas preguntas trata de ti y sobre cómo te sientes sobre ti misma. Al principio esto te puede parecer egoísta —¿no deberías estar pensando en tu familia o en tu esposo?— pero la razón para hacerlo es porque quieres tener tanta seguridad como sea posible antes de tomar una decisión.

De todas las variables que tienes en la cabeza ahora mismo: las necesidades de tu familia, lo que puedes ganar en el futuro, los posibles compañeros de trabajo; solo tienes la certeza de tus propios sentimientos. Explóralos, fíjate en qué dirección señalan y así tomarás una decisión basada en *tu* verdad, tal como la conoces. En algún momento en el futuro, tal vez haya algún motivo para lamentar el resultado de tu decisión, nadie sabe lo que depara el futuro, pero siempre podrás mirar hacia atrás y saber que tomaste la decisión basada en lo que sabías con certeza sobre de ti. Eso es todo lo que puedes hacer, y todo lo que necesitas hacer.

DE VUELTA EN EL BARCO

> Puedes tener un nuevo comienzo en cualquier
> momento, porque eso a lo que llamamos «fracaso» no
> es el desplomarse, sino quedarse en el suelo.
>
> —MARY PICKFORD (1893–1979), actriz estadounidense

E l tiempo que Carla pasó en el hospital le dio la oportunidad de reflexionar en los momentos que ella quería crear en su vida.

Tenía algunos asuntos que tratar de inmediato. Finalmente tuvo la conversación con Peter, no precisamente en el lugar que ella había imaginado. Carla había pensado en un restaurante agradable, no en una cama de hospital, pero la tuvo. Y Peter, luego de revisar las montañas de papeles en el escritorio de ella, y hacer algunos descubrimientos desagradables con respecto al estado de sus finanzas, finalmente accedió a contratar a un contable a tiempo parcial.

Pero las decisiones más importantes se relacionaban con el futuro de ella.

Pensó en los momentos cuando sentía que su vida estaba «funcionando» y se dio cuenta que, irónicamente, se había sentido más realizada cuando aconsejó a los compañeros de clase de su hija después del suicidio de su amiga. Había sido consejera antes, claro está, pero siempre con criminales potencialmente violentos. Al reflexionar ahora en esto, se dio cuenta que había sido la violencia, o más bien, la posibilidad de violencia, lo que había arruinado la experiencia para ella.

Si pudiera limitarse a la consejería ante la muerte de seres queridos, tal vez podría ser feliz. Y no solo a la consejería como tal, sino también organizando los programas de consejería. Cuando fue con su hija a la escuela justo después del suicidio de su amiga, no se sintió impresionada con la manera en que se les ofreció el apoyo a los estudiantes, una multitud de consejeros estuvo en la escuela por unos pocos días y luego todos se fueron. Carla sabía que durante la primera semana los chicos estaban en *shock*, y que necesitarían más ayuda en las semanas y los meses siguientes, cuando la tristeza profunda, la culpa y el temor finalmente se asentaran para hacer su terrible trabajo.

Como era muy típico en Carla, ella pensó que podía encontrar una mejor manera de hacerlo, una forma más sistemática que proveería a los estudiantes un apoyo a largo plazo.

Y eso es lo que está haciendo hoy día: estableciendo programas para lidiar con la pérdida de seres queridos en las escuelas secundarias por todo el estado.

Todavía el salario no es muy alto, por lo que también tiene un trabajo en un gimnasio local para ayudar con algunos de los gastos de la casa, pero esta decisión es también parte de su plan de vivir una vida plena. Carla solía estar en una mejor condición física, era excursionista, le gustaba acampar y competía frecuentemente en competiciones de navegación.

—Pero dejé de hacerlo —me dijo—. Pues con el trabajo, el estrés y todo lo demás sencillamente no tenía la energía. Trabajando ahora en el gimnasio tengo membresía gratuita, así que ahora puedo hacer ejercicios, jugar tenis y nadar con la frecuencia que quiera. Realmente quiero recobrar esa parte de mi vida.

¿Y cómo le va?

—Bueno, todavía tengo que practicar mucho mi juego de tenis, pero puedo decirte esto —me comentó sonriendo—, cuando mi barco se volcó durante una competición, pude subirme otra vez en él.

Y así como con Carla, tal cual contigo. Al comienzo de mi investigación para este libro, conocí a una mujer que lo tenía todo. Una norteamericana que vivía en Inglaterra, que había comenzado a trabajar para una compañía joven cuya innovadora tecnología solo carecía del mecanismo para generar ganancias. Como jefa del departamento de mercadeo, ella había descubierto una manera de convertir en dinero el valor de la compañía, y las ganancias aumentaron a los billones de dólares. Aclamada como la más extraña de las criaturas, una visionaria que también puede hacer realidad su visión, y luego de convertir en dinero su porfolio de valores, descubrió que tenía más dinero del que jamás podría gastar en toda una vida. En el camino, se había casado con un esposo comprensivo cuya compañía había sido comprada por decenas de millones, y juntos habían tenido dos hijos, que, cuando yo la conocí, tenían menos de seis años.

Entonces, ¿qué hace esta mujer ahora? ¿Esta mujer que tiene todo, que puede hacer todo y que puede ser todo lo que quiera ser?

Si quisiera, tanto ella como su esposo podrían dejar de trabajar, llevar a los hijos a la escuela, pasar algunas mañanas leyéndoles a los chicos en clase o dirigiendo algún comité escolar, y luego dedicarse el resto del día a atender la institución benéfica de su predilección o a hacer trabajo comunitario, o sencillamente pasar tiempo juntos haciendo todas las cosas que el resto de nosotros dice que haría con nuestro cónyuge si el trabajo no se interpusiera, hasta que fuera el tiempo de recoger a los chicos a la escuela, cocinar como si fuera un juego, sentarse a la mesa a comer en familia y pasar por la tranquila rutina nocturna de bañarse, leer, acurrucarse en la cama y dormir.

Pero ella no hace esto. Por el contrario, ella ha escogido asumir la presidencia de una de las compañías de más rápido crecimiento, más riesgo y más alta notoriedad en todo el mundo, con todos los retos, presiones, estímulos y limitaciones de tiempo que lo acompañan.

¿Es esta la decisión correcta? Solo ella puede juzgarlo.

Aun si todo funciona aparentemente perfecto para ti, todavía tienes que encarar la realidad de que la vida es una serie de elecciones que solo tú puedes hacer. Ocurrirán contratiempos, los planes cambiarán, las relaciones te pueden desilusionar y tu carrera rara vez resulta de la forma en que habías planificado. Pero sin importar qué otra cosa aprendas de este libro, no olvides que el secreto para el éxito y la felicidad descansa en tu habilidad de conocerte a ti misma lo suficientemente bien como para hacer elecciones firmes y sin lamentarte, sin importar lo que vida te presente o te lance.

Deja de juzgarte, acepta eso que sientes que es lo correcto para ti y confía en que el «código de tu alma» contiene toda la sabiduría que puedas necesitar. Deja de hacer malabarismos, y comienza intencionalmente a desequilibrar tus días y tus semanas hacia los momentos intensos en cada área de tu vida.

Tu vida más plena está muy cerca de ti, familiar y sorprendente, en espera de que la encuentres.

NOTAS

Diez mitos

1. B. Stevenson y J. Wolfers, "The Paradox of Declining Female Happiness", Filadelfia: Universidad de Pennsylvania, trabajo preliminar, 2007.
2. Anke C. Plagnol y Richard A. Easterlin, "Aspirations, Attainments, and Satisfaction: Life Cycle Differences Between American Women and Men", *Journal of Happiness Studies* 9 (2008): pp. 601-19.
3. U.S. Department of Labor, Bureau of Labor Statistics, Employment and Earnings, 2007 Annual Averages and the Monthly Labor, http://www.dol.gov/wb/stats/main.htm (9 noviembre 2008).
4. Ellen Galinsky, Kerstin Aumann y James P. Bond, "Times are Changing: Gender and Generation at Work and at Home," Families and Work Institutes "The 2008 National Study of the Changing Workforce," p. 9.
5. Encuesta Gallup, "Si estuvieras aceptando un trabajo nuevo, y tuvieras la elección de un jefe, ¿preferirías trabajar para un hombre o para una mujer?" (agosto 7-10, 2006), N=1,007 adultos de toda la nación. Margen de error: ± 3 (para todos los adultos). http://www.pollingreport.com/work.htm (23 noviembre 2008).
6. M. Mattingly y L. Sayer, "Under Pressure: Gender Differences in the Relationship between Free Time and Feeling Rushed", *Journal of Marriage and Family* 68, (2006): pp. 205-21.
7. R. J. Evenson y R. Simon (2005), "Clarifying the Relationship Between Parenthood and Depression", *Journal of Health and Social Behavior*, Vol. 46, pp. 341-358.
8. J. Coleman y S. Coontz, eds. "What Do Children Want from their Working Parents?" *Unconventional Wisdom: A Survey of Research and Clinical Findings*. Preparado para la conferencia del décimo aniversario del Council on Contemporary Families en la Universidad de Chicago, http://www.con-temporaryfamilies.org/subtemplate.php?t=briefingPapers&ext=unconventionalwisdom (4 diciembre 2008).

9. R. Moroney, "Men and Women Are Equally Bad at Multitasking", *The Wall Street Journal*, http://blogs.wsj.com/informedreader/2007/03/07/men-and-women-are-equally-bad-at-multitasking/ (13 enero 2009); Hewlett Packard, "Abuse of technology can reduce UK workers intelligence" (22 abril 2005), http://www.scribd.com/doc/6910385/Abuse-of-technology-can-reduce-UK-workers-intelligence (13 enero 2009).

Capítulo 1: Un taller, un programa de televisión, cien mil preguntas

1. Marcus Buckingham, *Ahora descubra sus fortalezas* (Bogotá: Norma, 2001); *Go Put Your Strengths to Work* (Nueva York: Free Press, 2007); *The Truth About You* (Nashville: Thomas Nelson, 2008).

Capítulo 2: La paradoja femenina

1. National Center for Education Statistics, "Projections of Education Statistics to 2015", http://nces.ed.gov/pubsearch/pubsinfo.asp?pubid=2006084.
2. 2006 American Community Survey, http://factfinder.census.gov.
3. June Ellenoff O'Neil, "The Gender Gap in Wages, Circa 2000", *American Economic Review* 93, no. 2 (2003): pp. 309–13.
4. B. Stevenson y J. Wolfers, "The Paradox of Declining Female Happiness", Filadelfia: Universidad de Pennsylvania, trabajo preliminar, 2007.
5. James Allan Davis y Tom W. Smith, *General social surveys, 1972-2006*, investigador principal: James A. Davis; director y investigador co-principal: Tom W. Smith; investigador co-principal: Peter V. Marsden; patrocinado por la National Science Foundation. NORC, ed, Chicago: National Opinion Research Center [productores]; Storrs, CT: The Roper Center for Public Opinion Research, Universidad de Connecticut [distribuidor], 2007. Los valores del índice de promedio de felicidad se calcularon asignando valores de uno (1) a todos los que respondieron indicando que «no eran muy felices»; valores de dos (2) a todos los que respondieron que eran «bastante felices»; y valores de tres (3) a los que respondieron «muy felices», y luego haciendo un promedio de los resultados tomando en cuenta un año escogido y el sexo de la persona.
6. Anke C. Plagnol y Richard A. Easterlin, "Aspirations, Attainments, and Satisfaction: Life Cycle Differences between American Women and Men", *Journal of Happiness Studies* 9 (2008): pp. 601-19.
7. R. A. Easterlin, "Aspirations, Attainments, and Satisfaction: Life Cycle Differences between American Women and Men", *Journal of Happiness Studies* 9 (2008): p. 612. Reimpreso con permiso de R. A. Easterlin.

8. M. Mattingly y L. Sayer, "Under Pressure: Gender Differences in the Relationship between Free Time and Feeling Rushed", *Journal of Marriage and Family* 68 (2006): pp. 205-21.

9. Organización Mundial de la Salud, "The Global Burden of Disease", Parte 4 (2004), p. 46.

Capítulo 3: Sobre las elecciones y los hombres

1. Gallup Poll, agosto 13-16 2007, N=1,019 adultos en toda la nación, http://www.pollingreport.com/work.htm (febrero 5 2009).

2. S. Coontz, "Motherhood Stalls When Women Can't Work. Council on Contemporary Families", 2007.

3. Douglas J. Besharov, "Poverty Update: The Long-Term Story Behind the New Numbers", American Enterprise Institute for Public Policy Research, septiembre 2007, http://www.aei.org/docLib/20070927_3122220OTIBesharov_g.pdf (23 julio 2009).

4. Barry Shwartz, *Paradox of Choice* (Nueva York: Harper Perennial, 2004).

5. Families and Living Arrangements, http://www.census.gov/Press-Release/www/releases/archives/families_households/009842.html (2006).

6. Bureau of Labor Statistics, American Time Use Survey Summary—2007 Results, 12 noviembre 2008, http://www.bls.gov/news.release/atus.nr0.htm (4 diciembre 2008).

7. Suzanne M. Bianchi, John P. Robinson y Melissa A. Milkie, *Changing Rhythms of American Family Life,* Rose Series in Sociology (Nueva York: Russell Sage Foundation Publications, 2006).

8. Kimberley Fisher, Muriel Egerton, Jonathan I. Gershuny y John P. Robinson, Gender convergence in the American Heritage Time Use Study (AHTUS), Social Indicators Research (2006).

9. "Exactly how much housework does a husband create?" (University of Michigan News Service, 3 abril 2008), http://www.ns.umich.edu/htdocs/releases/story.php?id=6452 (28 enero 2009).

10. Jonathan I. Gershuny, Michael Bittman y John Brice, "Exit, Voice and Suffering: Do Couples Adapt to Changing Employment Patterns?" *Journal of Marriage and Family* 67 (2005): pp. 656-65.

11. Datos sin publicar del Survey of Income and Program Participation.

12. Tallese D. Johnson, "Maternity Leave and Unemployment Patterns of First-Time Mothers: 1961–2003", United States Census Bureau, febrero 2008, http://www.census.gov/prod/2008pubs/p70-113.pdf (27 julio 2009).

13. Susan C. Eaton, "If You Can Use Them: Flexible Policies, Organizational Commitment and Perceived Performance", *Industrial Relations* 42, no. 2 (2003): pp. 145-67.

14. Michael Burda, Daniel S. Hamermesh y Philippe Weil, "Total Work, Gender and Social Norms", NBER Working Papers 13000, National Bureau of Economic Research, Inc. (2007).
15. W. Kirn, "The Autumn of the Multitaskers", *The Atlantic* (noviembre 2007), http://www.theatlantic.com/doc/200711/multitasking (10 enero 2009).
16. Hewlett Packard, "Abuse of technology can reduce UK workers intelligence" (22 abril 2005), http://www.scribd.com/doc/6910385/Abuse-of-technology-can-reduce-UK-workers-intelligence (13 enero 2009).

Capítulo 9: Procura el desequilibrio

1. Aquí me basé en el trabajo de David Cooperrider y su artículo donde presenta el concepto de formular preguntas que requieren información titulado "Appreciative Inquiry in Organizational Life" se puede encontrar en *Research in Organizational Change and Development*, vol. 1 (Greenwich: JAI Press), pp. 129-69.
2. S. L. Murray, J. G. Holmes, D. Dolderman y D. W. Griffin, "What the Motivated Mind Sees: Comparing Friends' Perspectives to Married Partners' Views of Each Other", *Journal of Experimental Social Psychology* 36 (2000): pp. 600-20.

Capítulo 11: Tácticas para tener relaciones más sólidas

1. Gary Chapman, *Los cinco lenguajes del amor: Como expresar devoción sincera a su cónyuge* (Miami: Unilit, 2002).

Capítulo 12: Tácticas para criar hijos más fuertes

1. J. Coleman y S. Coontz, eds. "What Do Children Want from their Working Parents?" *Unconventional Wisdom: A Survey of Research and Clinical Findings*. Preparado para la conferencia del décimo aniversario del Council on Contemporary Families en la Universidad de Chicago, http://www.contemporaryfamilies.org/subtemplate.php?t=briefingPapers&ext=unconventionalwisdom (4 diciembre 2008).
2. R. J. Evenson y R. Simon, "Clarifying the Relationship Between Parenthood and Depression", *Journal of Health and Social Behavior* 46 (2005): pp. 341-58.
3. Judith Rich Harris, *No Two Alike: Human Nature and Human Individuality* (Nueva York: W. W. Norton and Company, 2006).

ACERCA DEL AUTOR

Marcus Buckingham, fundador del Marcus Buckingham Company, es un autor de gran éxito de ventas, con más de 3.7 millones de copias de sus destacadas obras impresas. Ha sido tema de perfiles a fondo realizados por el *New York Times, Fortune, Fast Company, Harvard Business Review* y *USA Today.*

Por casi dos décadas Marcus fue pionero dentro de la Organización Gallup, investigando las fortalezas personales. Desarrolló soluciones empresariales basadas en las fortalezas para algunas de las marcas más reconocidas del mundo, tales como Toyota, Best Buy y Disney.

Buckingham se graduó de la universidad de Cambridge en 1987 con un título en Ciencia Social y Política. Es miembro del Comité Asesor del Secretario de Estado sobre Liderazgo y Gerencia. Vive con su esposa y dos hijos en Los Ángeles.

RECONOCIMIENTOS

Este libro nació de un intento de responder a los cientos de miles de entradas que recibimos en el foro de Oprah.com, así que primero que nada tengo que agradecer a todas las personas en Harpo que produjeron el programa y crearon la plataforma para una conversación tan profunda e intensa; especialmente a Katy Davis y a Gina Sprehe en el *Oprah Winfrey Show*, y a Marieta Hurwitz y Stephanie Snipes en Oprah.com.

Tim Geary esculpió las primeras palabras de este libro y fue la tracción necesaria cuando más la necesitábamos. Tracy Hutton fue mi constante colaboradora, interrogadora e investigadora, alguien que siempre se las ingenió para descubrir una pepita de oro escondida en medio de la maleza de artículos y revistas profesionales ya revisadas por otras personas.

Mi enorme agradecimiento a mi equipo en TMBC: Elvie Moore, Stephanie Daniels y Jessica Lee; Jaqai Mickelsen por su sentido y sensibilidad en el diseño; Courtney McCashland por su manera genial de redactar preguntas; y a Charlotte Jordan por su empatía, constancia y sabiduría.

RECONOCIMIENTOS

A todo el equipo en Thomas Nelson, gracias por su fe en este proyecto. Muchas gracias Jeff Loper por tu paciencia y meticulosidad; a Heather Adams por tu clase; a Brian Hampton por ser guía y mano sabia; y a mi editor, Bryan Norman, por ser un compañero considerado, respetuoso, pero a la misma vez retarme.

A mi agente en WME, Jennifer Rudolf Walsh, mi eterna admiración.

A mi familia, gracias por su paciencia resignada durante este pasado año.

Y, por supuesto, a todas las personas que consintieron ser entrevistadas para el libro, gracias por su franqueza, su vulnerabilidad y por su pasión.